できる日本語
わたしの文法ノート【第2版】

嶋田和子 監修
できる日本語教材開発プロジェクト 著

初級
A1~A2

はじめに

『できる日本語　わたしの文法ノート　初級　【第2版】』（以下、『文法ノート』）は『できる日本語　初級　本冊　【第2版】』（以下、『本冊』）の補助教材として使うことを目的として作られました。その他の初級教科書で文法項目を学習した方でも使用することができます。

本書を活用することで、学習項目を自分で整理し、復習することができます。『本冊』同様、場面や状況にそって日本語を運用する力をつけること目指しています。学習項目、行動目標は『本冊』のシラバスに準じています。

第2版では新たに「タイトルページ」を加えました。「タイトルページ」では学習者がその課のゴールを意識できるようになっています。ゴールを意識しながらそれぞれの課の各学習項目を学んでいってほしいと思います。

本書の使い方

●構成と特色

タイトルページ

タイトルページを見ることで、この課でどんなことができるようになるのか（　）、そのゴールを達成するためにどのような学習項目を用いたらいいか（　）がわかるようになっています。例文中の　　の部分は学習項目を表しています。『本冊』の巻末資料「ポイント一覧」の番号を掲載していますので、『本冊』と対応させて、復習することができます。

（芽）

学習項目ごとに復習する練習問題です。教室で学んだことを自分で書いて練習します。全文作成、部分的な文作成、Q&A、変型練習、並び替えなどがあります。見出しの文はタイトルページにある例文と同じです。『本冊』と併用する場合は、学習した項目ごとに宿題として使うことができます。なお、いくつかの学習項目は　　（芽）ではなく、　　（水やり）で提示されていることもあります。

i

（水やり）

適切さや正確さを意識しながら、運用力をつける問題です。談話の中で適切に使い分けられるように、文型を選択したり語彙を活用させたりする練習をします。また、疑問詞を使って質問したり、会話の中で正確に助詞を使ったりできるように練習します。『本冊』と併用する場合は、その課の学習項目をすべて学んだところ(スモールトピック3終了後)で、宿題として使うことができます。

（花）

その課で学んだ内容を総合的に使って、自分でタスクをこなす問題です。イラストを見て会話を考えたり、自分のことや経験などについて書いたりします。これは『本冊』の各課の行動目標を達成できるかどうか、書いて確認する問題です。解答例が記されていますが、これはあくまでも例です。学習者が自分で考えた会話や文章を大事にしてください。『本冊』と併用する場合は、その課の最後に宿題として使うことができます。クラスによっては授業中に使うこともできます。

ポイントチェック

巻末(p.101〜p.116)には第1課から第15課までの「ポイントチェック」があります。

その課で学習する項目がわかっているかどうか、自分でチェックする選択式の問題です。目的に合わせてさまざまなタイミングで使うことができます。課が終わったときに授業で確認する、学習者が自分で試験の前に復習をする、日本語の学習経験がある人が今の日本語力をチェックする、といった使い方ができます。

● 凡例

　　　…… 例文のグレーの部分は学習項目を表しています。
　　　　　例)コーヒーを２つください。

　　　…… 自分で考えて文を作る問題です。

　　　…… 自分自身のことを書く問題です。

　　　…… このイラストはあなたです。自分だったら、どんなことを話すか考えて書くタスクです。

● 『できる日本語　初級　本冊』各課の行動目標と学習項目

N …… 名詞　noun　名词　명사　Danh từ
V …… 動詞　verb　动词　동사　Động từ
A …… 形容詞　adjective　形容词　형용사　Tính từ
　イA …… イ形容詞　イ adjective　イ形容词　이 형용사　Tính từ イ
　ナA …… ナ形容詞　ナ adjective　ナ形容词　나 형용사　Tính từ ナ

課タイトル・行動目標	学習項目	
第1課　はじめまして 簡単に自分のこと(名前・国・趣味など)を話したり相手のことを聞いたりすることができる。	～はNです　お名前は？ お国はどちらですか お仕事は？ Nですか はい、(～は)Nです いいえ、(～は)Nじゃありません	NのN ～歳です いつ　～はいつですか　～月～日 何　～は何ですか NとN Nも
第2課　買い物・食事 お店の人や友達と簡単なやりとりをして、買い物をしたり料理の注文をしたりすることができる。	何階ですか　階数の言い方 どこ　～はどこですか ここ・そこ・あそこ こちら・そちら・あちら ～はいくらですか　これ・それ・あれ このN・そのN・あのN	Nをください 何のN [言語]で どこのN Nを(～つ)ください 誰のN
第3課　スケジュール これからの生活や周りの人との関係づくりのために、予定を聞いたり身近なことを話したりすることができる。	今、何時ですか　時間の言い方 [時間]から[時間]までです 曜日の言い方 Vます(予定)　～をVます [場所]へ Vません [場所]で	Vます(習慣) NやNなど 何もVません [時間]に [時間]から[時間]までVます どこへも行きません
第4課　私の国・町 簡単に自分の出身地について友達や周りの人に紹介することができる。	[国]の[方角・位置] [場所]から[場所]までどのくらいですか ～時間 [交通手段]で ～はAです イAくないです　ナAじゃありません ～はA+Nです どんなN	[場所]に～があります そして ～が、～ ～ね(共感) ～は[春・○月・一年中……]、Aです とても・少し　あまり～ない ～はどうですか 味覚の語彙
第5課　休みの日 休みの日の出来事や予定について友達や周りの人と簡単に話すことができる。	Vました　Vませんでした どこかへ行きましたか [人]と それから イAかったです　イAくなかったです ナA・Nでした ナA・Nじゃありませんでした (～は)どうでしたか	どうして　～から Nがほしいです Nが好きです・嫌いです Vたいです ～へ～に行きます
第6課　一緒に！ 友達を誘ったり、行きたいところやしたいことを一緒に相談したりして、約束することができる。	Vませんか　Vましょう　～はちょっと… ～があります [場所]で～があります ～が(～枚)あります ～で～がいちばんAです ～と～とどちらがAですか ～のほうがAです	～は～よりAです もうVました(経験)　まだです ～よ ～はどうですか(提案) ～ね(確認)
第7課　友達の家で 周りの状況を簡単に友達に伝えることができる。また、何かを頼んだり提案したりしながら、一緒に行動することができる。	～は～にあります ～は～にいます ～に～があります・います テ形　Vてください [道具]で (Nの)V方	どのN どれ Vています(動作の進行) Vましょうか 誰が まだあります　もうありません

課タイトル・行動目標	学習項目	
第8課　大切な人 簡単に自分の家族や友達について友達や周りの人に紹介することができる。	〜に住んでいます [〜人]で 〜が(〜人・匹)います Vています(職業) 〜はNが上手です・下手です	〜は〜がAです イAくて、〜　ナA・Nで、〜 あげます もらいます くれます
第9課　好きなこと サークルや交流イベントに参加したとき、自分の好みや趣味を話したり相手に質問したりすることができる。	辞書形　Vることです いつも・よく・ときどき・あまり・全然 でも [期間]に[〜回・冊・本]　助数詞	Nができます　Vることができます(能力) Vて、〜 どうやって
第10課　バスツアー 大勢の人と行動するために、状況に応じて簡単な質問をすることができる。また、指示を理解して行動することができる。	もうVましたか(完了)　まだVていません Vてきます Nが見えます　Nが聞こえます [場所]を Vてもいいですか	ナイ形　Vないでください Nは(取り立て) 〜が(Vています) Nができます　Vることができます(状況) イAくなります　ナA・Nになります
第11課　私の生活 自分の生活や身近な話題について友達や周りの人と話すことができる。	〜は〜が、〜は(対比) Vています(習慣) タ形　VたりVたりします 〜とき、Vます	どうしますか 〜とき、Vました 友達言葉　普通形
第12課　病気・けが 体調について友達や周りの人と簡単に話すことができる。また、病院で簡単なやりとりをすることができる。	どうしたんですか　〜んです Vたほうがいいです Vないほうがいいです Vてから、〜	Vる前に、〜 Nの前に、〜 [時間]前に、〜
第13課　私のおすすめ 生活を楽しく便利にするために、身近な役立つ情報やおすすめ情報をやりとりすることができる。	Vたことがあります 知っていますか　知りません NというN 〜は[名詞修飾]です	Vています(装着動詞) [名詞修飾]を／へVます [名詞修飾]は〜
第14課　国・町の習慣 異なる文化の中で楽しく生活するために、習慣・文化・ルールを知り、自分の意見を簡単に言うことができる。	Vると、〜 「　」と言います Vてはいけません	Vなければなりません Vなくてもいいです 〜と思います(意見)
第15課　イベント情報・ニュースから ニュースや身近な情報を友達や周りの人に簡単に伝えることができる。また、その情報をもとに一緒に行動することができる。	〜そうです(伝聞) [原因]で 〜たら(仮定条件)	〜と思います(推量) 〜ても Vています(結果の状態)

目次

第1課　はじめまして ………………………………………… 1
第2課　買い物・食事 ………………………………………… 7
第3課　スケジュール ………………………………………… 13
第4課　私の国・町 …………………………………………… 19
第5課　休みの日 ……………………………………………… 27
第6課　一緒に！ ……………………………………………… 35
第7課　友達の家で …………………………………………… 41
第8課　大切な人 ……………………………………………… 49
第9課　好きなこと …………………………………………… 55
第10課　バスツアー …………………………………………… 61
第11課　私の生活 ……………………………………………… 69
第12課　病気・けが …………………………………………… 77
第13課　私のおすすめ ………………………………………… 83
第14課　国・町の習慣 ………………………………………… 89
第15課　イベント情報・ニュースから ……………………… 95

ポイントチェック ………………………………………………101

第 1 課

はじめまして

- 初めて会った人に自分のことを話したり、聞いたりしよう。
  Talk about yourself to people you meet for the first time and ask about each other.／与初次见面的人聊聊自己和对方的事。／처음 만난 사람에게 나에 관해 이야기하고, 질문하기／Hãy nói về bản thân cũng như lắng nghe từ người mới gặp lần đầu.

- みんなの前で自己紹介をしよう。
  Introduce yourself in front of everyone.／向大家做自我介绍。／모두의 앞에서 자기소개하기／Hãy tự giới thiệu trước mọi người.

『できる日本語 初級』ポイント

1 私はジョンです。 ☞ 1

2 ジョンさんは学生ですか。 ☞ 2
　　──はい、学生です。／いいえ、学生じゃありません。

3 私はふじみ大学の学生です。 ☞ 4

4 私の趣味は音楽です。 ☞ 4

5 山田さんの趣味は何ですか。 ☞ 3
　　──(私の趣味は)映画です。

6 私の趣味も映画です。 ☞ 6

1. 私(わたし)**は**ジョン**です**。

① ② ③ ④ ⑤

① _____。
② _____。
③ _____。
④ _____。
⑤ _____。

2. ジョンさん**は**学生(がくせい)**ですか**。— **はい**、学生(がくせい)**です**。／**いいえ**、学生(がくせい)**じゃありません**。

① A：佐藤(さとう)さんは先生(せんせい)ですか。
　 B：いいえ、_____。
② A：_____。
　 B：はい、学生(がくせい)です。
③ A：_____。
　 B：いいえ、会社員(かいしゃいん)じゃありません。
④ A：_____さんは学生(がくせい)ですか。
　 ☺：_____。

第1課

3. 私はふじみ大学の学生です。

① _____。
② _____。
③ _____。
④ _____。

4. 私の趣味は音楽です。

① _____。
② _____。
③ _____。
④ _____。

5. 山田さんの趣味は何ですか。—（私の趣味は）映画です。

① A：エレナさんの_____。
   B：_____。
② A：鈴木さんの_____。
   B：_____。
③ A：佐藤さんの_____。
   B：_____。
④ A：山田さんの_____。
   B：_____。

6. 私の趣味も映画です。

① A：はじめまして。カルロスです。会社員です。
   B：エレナです。私_____。よろしくお願いします。
② A：あのう、すみません。お仕事は？
   B：高校の教師です。
   A：あ、_____。さくら高校の教師です。
③ A：趣味は何ですか。
   B：テニスです。
   A：_____。
   B：わあ、同じですね。
④ A：誕生日はいつですか。
   B：5月19日です。
   A：5月ですか。_____。同じですね。

1.

例)【私／です／マリヤム】
→ 私はマリヤムです。

① 【じゃありません／私／会社員／は】
→ _____。

② 【佐藤さん／です／は／学生／の／ふじみ大学】
→ _____。

③ 【スポーツ／音楽／私／は／です／趣味／の／と】
→ _____。

2.

A：はじめまして。私は西川です。(　　　)。
B：(　　　)。(　　　)、よろしくお願いします。
A：(　　　)。お名前は？
B：あ、マルコです。
A：あのう、マルコさんのお仕事は？
B：あおぞら日本語学校の学生です。
A：(　　　)。

A. そうですか
B. あのう、すみません
C. よろしくお願いします
D. こちらこそ
E. はじめまして

3.

例) 私(は)パクです。

① はじめまして。私(　　)ワンです。中国から来ました。あおぞら日本語学校(　　)学生です。20歳です。私(　　)趣味(　　)料理(　　)音楽です。どうぞよろしくお願いします。

② A：イさん(　　)会社員です(　　)。
　　B：はい、私(　　)会社員です。
　　A：そうですか。私(　　)会社員です。

③ A：カルロスさん(　　)誕生日(　　)いつですか。
　　B：1月8日です。

自己紹介

自己紹介 = self-introduction／自我介绍／자기 소개／Tự giới thiệu

A：はじめまして。
　　_____。
　　よろしくお願いします。
B：はじめまして。
　　こちらこそ、よろしくお願いします。

A：あのう、_____？
B：イです。
A：_____。
B：韓国です。

A：_____？
B：会社員です。
A：そうですか。

B：あのう、_____。
A：いいえ、_____
　　_____。
B：そうですか。_____。
A：テニスと映画です。

B：_____。
A：わあ、同じですね。

自己紹介

_____
_____
_____
_____

買い物・食事

- 買い物したい！店で売り場や商品の場所を聞いたり、値段を聞いたりしよう。
  You want to go shopping! At the store, ask about the location of the sales floor, the location of products, and their prices.／想购物！在商店中询问货架和商品的位置，或询问价格。／쇼핑하고 싶어요! 가게에서 매장과 상품 진열대의 위치, 가격 물어보기／Muốn mua sắm! Hãy hỏi về vị trí quầy hàng, sản phẩm trong cửa hàng cũng như hỏi về giá cả.

- 喫茶店で注文しよう。
  Order at a coffee shop.／在咖啡厅点单。／카페에서 주문하기／Hãy gọi món tại quán cà phê.

『できる日本語 初級』ポイント

1　電器屋は**何階**ですか。— **4階**です。

2　こ・そ・あ

3　エスカレーターは**どこ**ですか。— **あそこ**です。　☞ 9

4　**この**タブレットは**いくら**ですか。— **それ**は58,000円です。　☞ 7, 8, 11

5　コーヒー**を**2つ**ください**。　☞ 10

1. 電器屋は何階ですか。― 4階です。

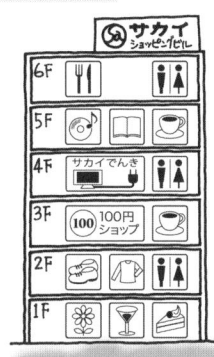

① A: ＿＿＿＿＿＿＿＿＿＿＿＿＿＿＿＿＿＿＿＿＿＿＿＿。
　 B: ＿＿＿＿＿＿＿＿＿＿＿＿＿＿＿＿＿＿＿＿＿＿＿＿。
② A: ＿＿＿＿＿＿＿＿＿＿＿＿＿＿＿＿＿＿＿＿＿＿＿＿。
　 B: ＿＿＿＿＿＿＿＿＿＿＿＿＿＿＿＿＿＿＿＿＿＿＿＿。
③ A: ＿＿＿＿＿＿＿＿＿＿＿＿＿＿＿＿＿＿＿＿＿＿＿＿。
　 B: ＿＿＿＿＿＿＿＿＿＿＿＿＿＿＿＿＿＿＿＿＿＿＿＿。

2. こ・そ・あ

「こ」ですか？　「そ」ですか？　「あ」ですか？

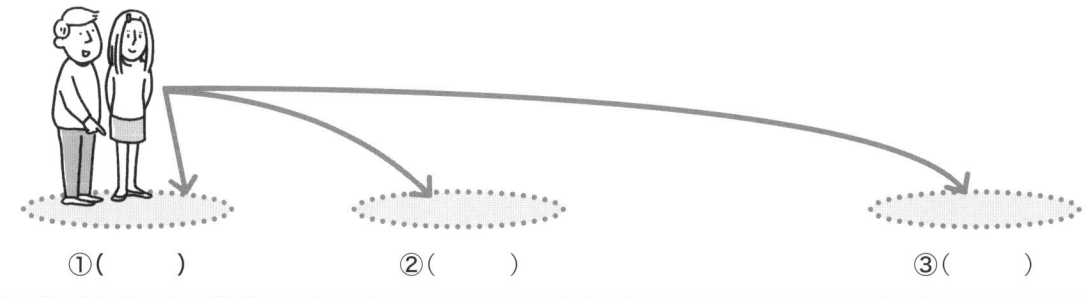

①(　　　)　　　②(　　　)　　　③(　　　)

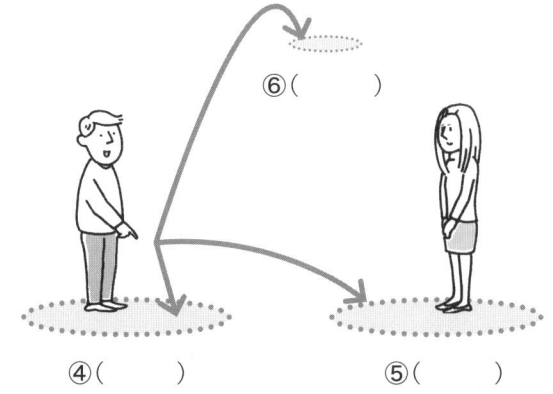

⑥(　　　)

④(　　　)　　　⑤(　　　)

第2課

3. エスカレーターはどこですか。 — あそこです。

① A: ＿＿＿＿＿＿＿＿＿＿＿＿＿＿＿＿＿＿＿＿＿。
　 B: ＿＿＿＿＿＿＿＿＿＿＿＿＿＿＿＿＿＿＿＿＿。

② A: ＿＿＿＿＿＿＿＿＿＿＿＿＿＿＿＿＿＿＿＿＿。
　 B: ＿＿＿＿＿＿＿＿＿＿＿＿＿＿＿＿＿＿＿＿＿。

③ A: ＿＿＿＿＿＿＿＿＿＿＿＿＿＿＿＿＿＿＿＿＿。
　 B: ＿＿＿＿＿＿＿＿＿＿＿＿＿＿＿＿＿＿＿＿＿。

④ A: ＿＿＿＿＿＿＿＿＿＿＿＿＿＿＿＿＿＿＿＿＿。
　 B: ＿＿＿＿＿＿＿＿＿＿＿＿＿＿＿＿＿＿＿＿＿。

4. このタブレットはいくらですか。 — それは58,000円です。

① A: ＿＿＿＿＿＿＿＿＿＿＿＿＿＿＿＿＿＿＿＿＿。
　 B: ＿＿＿＿＿＿＿＿＿＿＿＿＿＿＿＿＿＿＿＿＿。

② A: ＿＿＿＿＿＿＿＿＿＿＿＿＿＿＿＿＿＿＿＿＿。
　 B: ＿＿＿＿＿＿＿＿＿＿＿＿＿＿＿＿＿＿＿＿＿。

③ A: ＿＿＿＿＿＿＿＿＿＿＿＿＿＿＿＿＿＿＿＿＿。
　 B: ＿＿＿＿＿＿＿＿＿＿＿＿＿＿＿＿＿＿＿＿＿。

④ A: ＿＿＿＿＿＿＿＿＿＿＿＿＿＿＿＿＿＿＿＿＿。
　 B: ＿＿＿＿＿＿＿＿＿＿＿＿＿＿＿＿＿＿＿＿＿。

第2課

5. コーヒーを2つください。

① _____。
② _____。
③ _____。
④ _____。

1.

例) ___あの___ ① _____ ② _____ ③ _____ ④ _____
⑤ _____ ⑥ _____ ⑦ _____ ⑧ _____ ⑨ _____

2.

例) A：誕生日は____いつですか____。　　B：3月10日です。

① A：レジは____。　　B：あそこです。
② A：すみません、本屋は____。　　B：5階です。
③ A：これは____。　　B：2,500円です。
④ A：これは____。
　 B：リンゴのジュースです。
⑤ A：これは____。
　 B：フランスのワインです。
⑥ A：これは____。
　 B：あ、それは私のカメラです。
⑦ A：あれは____。
　 B：親子丼です。
　 A：おやこどん？　おやこどんは____。
　 B：鶏肉と卵の料理です。
　 A：「たまご」は英語で____。
　 B：「egg」です。

3.

例) 私(は)パクです。学生(×)です。

① 〈インフォメーションで〉
　　A：レストラン(　　)どこです(　　)。
　店員：あちらです。
　　A：あ、ありがとうございます。

② 〈レストランで〉
　店員：いらっしゃいませ。ご注文をどうぞ。
　　A：あのう、これ(　　)何(　　)カレーですか。
　店員：エビと野菜(　　)カレーです。
　　A：エビ？　「エビ」は英語(　　)何ですか。
　店員：「shrimp」です。
　　A：そうですか。じゃ、このカレー(　　)2つ(　　)紅茶(　　)2つ(　　)ください。
　店員：はい。

買い物

A：＿＿＿＿＿＿＿＿＿＿＿＿＿＿＿＿＿＿＿＿
店員：＿＿＿＿＿＿＿＿＿＿＿＿＿＿＿＿＿＿＿＿
A：＿＿＿＿＿＿＿＿＿＿＿＿＿＿＿＿＿＿＿＿
：＿＿＿＿＿＿＿＿＿＿＿＿＿＿＿＿＿＿＿＿
：＿＿＿＿＿＿＿＿＿＿＿＿＿＿＿＿＿＿＿＿
：＿＿＿＿＿＿＿＿＿＿＿＿＿＿＿＿＿＿＿＿
：＿＿＿＿＿＿＿＿＿＿＿＿＿＿＿＿＿＿＿＿
：＿＿＿＿＿＿＿＿＿＿＿＿＿＿＿＿＿＿＿＿
：＿＿＿＿＿＿＿＿＿＿＿＿＿＿＿＿＿＿＿＿
：＿＿＿＿＿＿＿＿＿＿＿＿＿＿＿＿＿＿＿＿
：＿＿＿＿＿＿＿＿＿＿＿＿＿＿＿＿＿＿＿＿
：＿＿＿＿＿＿＿＿＿＿＿＿＿＿＿＿＿＿＿＿
店員：ありがとうございます。レジはあちらです。

喫茶店で

店員：いらっしゃいませ。何名様ですか。
A：＿＿＿＿＿＿＿＿＿＿＿＿。
店員：こちらへどうぞ。
A：あのう、＿＿＿＿＿＿＿＿＿＿＿＿＿＿＿＿。
店員：＿＿＿＿＿＿＿＿＿＿＿＿＿＿＿＿＿＿＿。
A：そうですか。
…………
A：＿＿＿＿＿＿＿＿＿＿＿＿＿＿＿＿＿＿＿。
店員：はい。
A：＿＿＿＿＿＿＿＿＿＿＿＿＿＿＿＿＿＿＿。
店員：はい、少々お待ちください。

何名様＝how many people (polite expression)／几位 (礼貌表达)／몇 분(공손한 표현)／Bao nhiêu khách (cách nói lịch sự)

第 3 課

スケジュール

- 周りの人に1日のスケジュールを紹介しよう。
  Explain your schedule for the day to people around you.／向周围的人介绍自己一天的日程安排。／주변 사람에게 하루 일정 소개하기／Hãy giới thiệu lịch trình trong 1 ngày cho mọi người xung quanh.

- 休みの予定について、周りの人に話したり聞いたりしよう。
  Talk and ask about plans for your day off with people around you.／和周围的人聊聊休息日的安排。／휴일 일정에 관해 주변 사람에게 이야기하고, 질문하기／Hãy nói cũng như hỏi về dự định nghỉ ngơi với mọi người xung quanh.

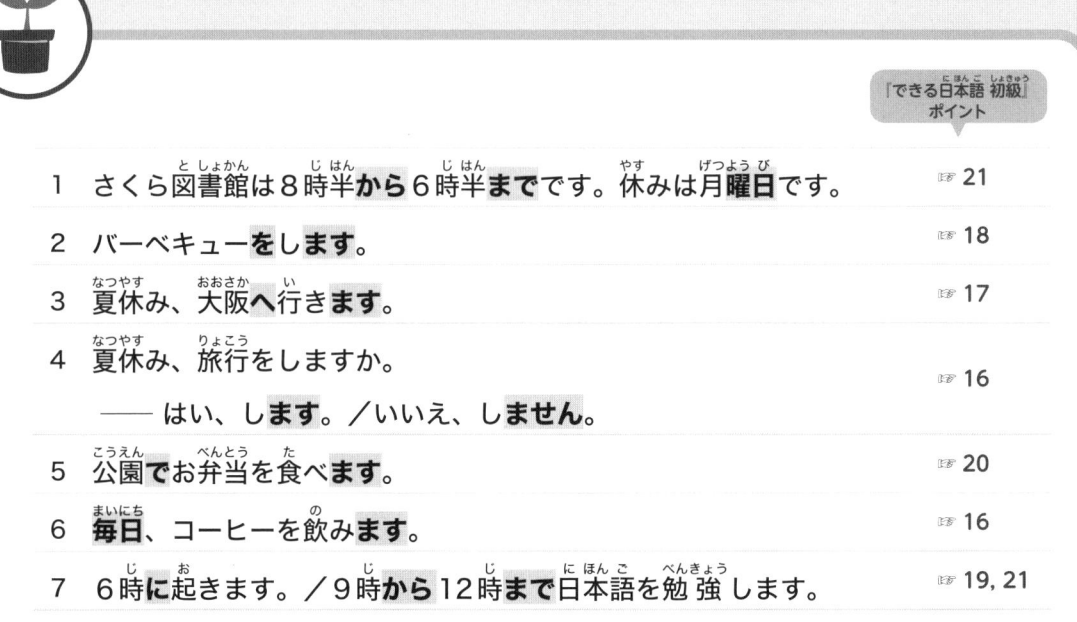

『できる日本語 初級』ポイント

1	さくら図書館は8時半**から**6時半**まで**です。休みは月**曜日**です。	☞ 21
2	バーベキュー**を**します。	☞ 18
3	夏休み、大阪**へ**行き**ます**。	☞ 17
4	夏休み、旅行をしますか。 ―― はい、し**ます**。／いいえ、し**ません**。	☞ 16
5	公園**で**お弁当を食べます。	☞ 20
6	**毎日**、コーヒーを飲み**ます**。	☞ 16
7	6時**に**起きます。／9時**から**12時**まで**日本語を勉強します。	☞ 19, 21

1. さくら図書館は8時半から6時半までです。休みは月曜日です。

① _____。
_____。

② _____。
_____。

③ _____。
_____。

2. バーベキューをします。

① 4月10日は花見です。_____。
② 8月4日はお祭りです。_____。
③ 9月2日は留学生パーティーです。_____。
④ 10月14日はバス旅行です。_____。
⑤ 12月20日から24日までホームステイです。_____。

3. 夏休み、大阪へ行きます。

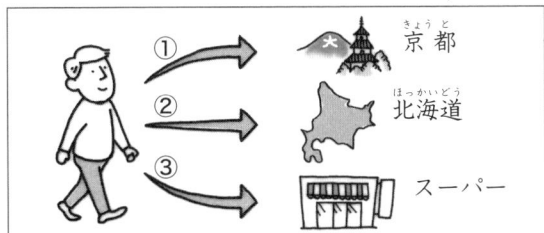 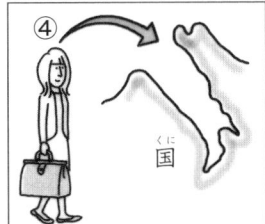 

① 春休み、_____。
② 冬休み、_____。
③ 日曜日、_____。
④ 夏休み、_____。
⑤ 毎日、_____。

4. 夏休み、旅行をしますか。— はい、します。／いいえ、しません。

① A：夏休み、国へ帰りますか。　　　B：はい、_____。
② A：冬休み、スキーをしますか。　　B：いいえ、_____。
③ A：春休み、アルバイトをしますか。　B：はい、_____。
④ A：夏休み、海へ行きますか。　　　B：いいえ、_____。

5. 公園でお弁当を食べます。

①  ②  ③  ④  ⑤

① _____。
② _____。
③ _____。
④ _____。
⑤ _____。

6. 毎日、コーヒーを飲みます。

①毎日　②毎日　③毎朝　④毎晩　⑤毎晩

① _____。
② _____。
③ _____。
④ _____。
⑤ _____。

7. 6時に起きます。／9時から12時まで日本語を勉強します。

① _____。
② _____。
③ _____。
④ _____。
⑤ _____。

1.

① 働きます　行きます　聞きます　読みます　見ます

例) 私は毎日、会社(で)　働きます　。
　　休みは土曜日(　　)日曜日です。
　　日曜日、どこ(　　)(　　)　　　　　　　。
　　うち(　　)音楽(　　)　　　　　　　。
　　本(　　)　　　　　　　。
　　映画(　　)ドラマなどを　　　　　　　。

ドラマ＝Drama／剧集／드라마／Phim truyền hình

② 行きます　起きます　飲みます　勉強します　食べます

　　私は毎朝、7時(　　)　　　　　　　。
　　朝、何(　　)　　　　　　　。
　　紅茶(　　)　　　　　　　。
　　8時半(　　)学校(　　)　　　　　　　。
　　9時(　　)(　　)1時(　　)(　　)
　　学校(　　)日本語(　　)　　　　　　　。

2.

例) A：このカメラは　　　　いくらですか　　　　。　B：2万円です。
① A：今、　　　　　　　　　　　　　　　　　　。　B：3時です。
② A：毎朝、　　　　　　　　　　　　　　　　　。　B：果物を食べます。
③ A：　　　　　　　　　　　　　　　　　　　　。　B：6時に起きます。
④ A：夏休み、　　　　　　　　　　　　　　　　。　B：京都へ行きます。
⑤ A：ホームステイは　　　　　　　　　　　　　。　B：12月30日から1月2日までです。
⑥ A：はい、あさひ図書館です。
　　B：あのう、すみません、そちらは　　　　　　　　　　　　　　　　　　　　　　　　　　　。
　　A：9時から6時半までです。
　　B：そうですか。休みは　　　　　　　　　　　　　　　　　。
　　A：月曜日です。

第3課　17

私の1日

どんな1日ですか。例のように書いてください。

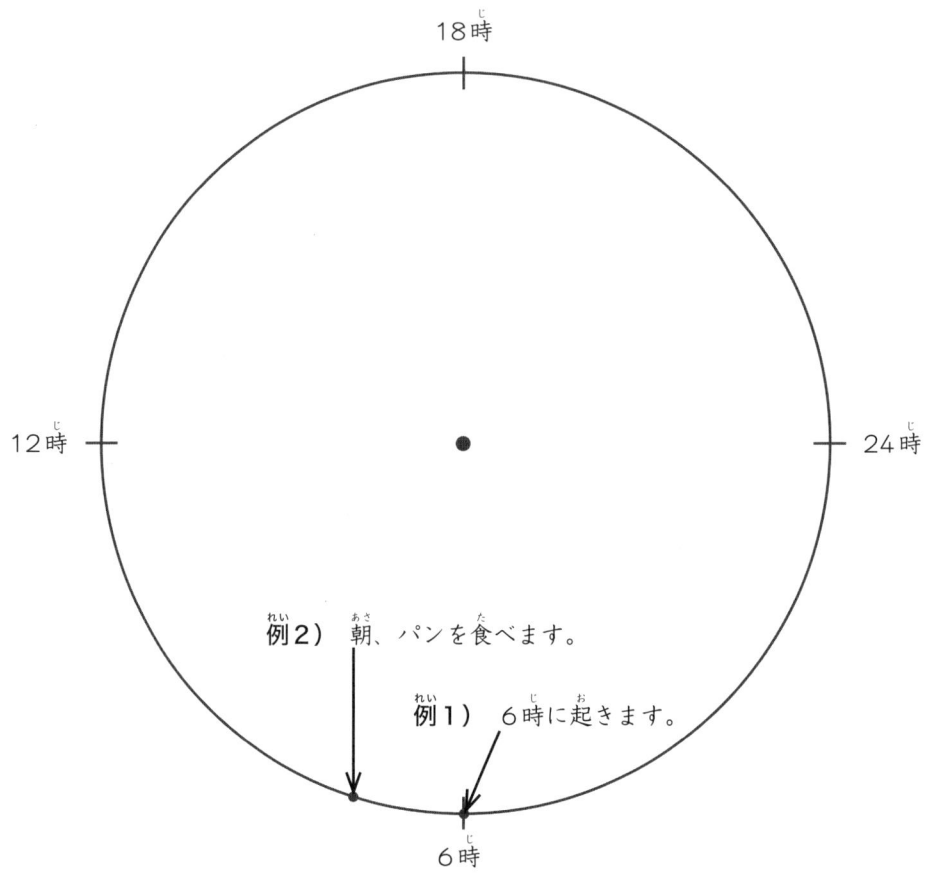

休みの予定

予定＝plan／计划／계획／Dự định

A：あなたの学校(会社)の[春休み・夏休み・冬休み]はいつですか。

☺：＿＿＿＿＿＿＿＿＿＿＿＿＿＿＿＿＿＿＿＿＿＿＿＿＿＿

A：そうですか。[春休み・夏休み・冬休み]、何をしますか。

☺：＿＿＿＿＿＿＿＿＿＿＿＿＿＿＿＿＿＿＿＿＿＿＿＿＿＿

＿＿＿＿＿＿＿＿＿＿＿＿＿＿＿＿＿＿＿＿＿＿＿＿＿＿＿＿

第4課

私の国・町

- みんなの前で自分の国や町を紹介しよう。

Introduce your country or town in front of everyone. ／在大家面前介绍自己的国家和城市。／모두의 앞에서 내 나라와 동네 소개하기／Hãy giới thiệu về đất nước và thị trấn của mình trước mọi người.

『できる日本語 初級』ポイント

1	シドニーは**オーストラリアの東**です。	☞ 29
2	シドニー**から**東京**まで**飛行機**で**10時間**くらい**です。	☞ 30, 31
3	私の町は**にぎやかです**。	☞ 24
4	山田さんの町は大きいですか。 ── はい、大きいです。／いいえ、大き**くないです**。	☞ 24
5	法隆寺は古**い**お寺です。	☞ 25
6	私の町**に**きれい**な**公園**があります**。	☞ 28
7	姫路城は大きいです。**そして**、有名です。 ／高尾山は低いです**が**、きれいです。	☞ 34, 35
8	私の町は12月、**とても**寒いです。 ／私の町は夏、**あまり**暑**くないです**。	☞ 27

1. シドニーは**オーストラリアの東**です。

① アメリカ　ニューヨーク
② 韓国　ソウル
③ タイ　アユタヤ
④ ロシア　モスクワ

① _____。
② _____。
③ _____。
④ _____。

2. シドニー**から**東京**まで**飛行機**で**10時間くらいです。

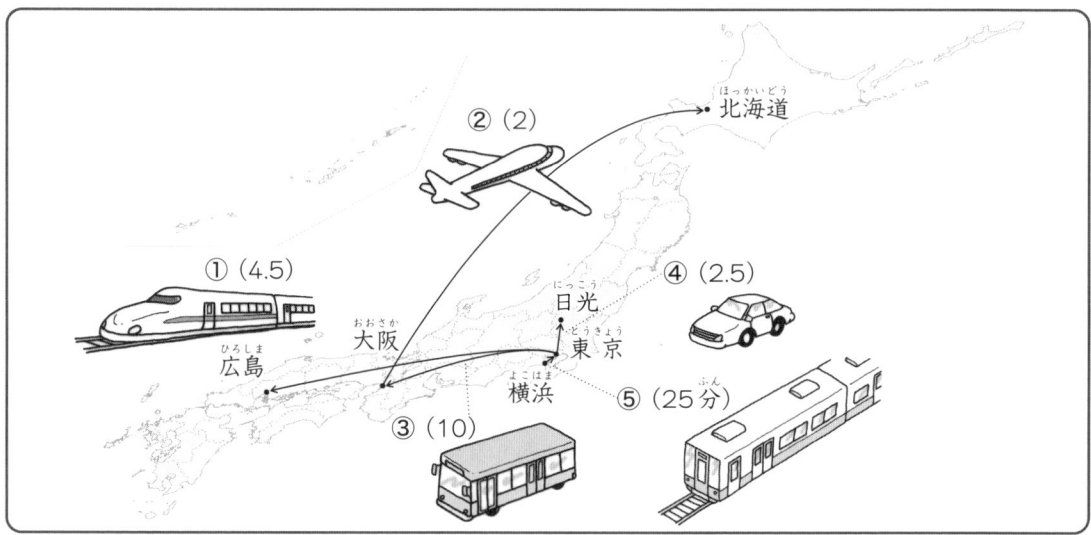

① _____。
② _____。
③ _____。
④ _____。
⑤ _____。

3. 私の町は**にぎやかです**。

① 私の町　② この神社　③ この公園　④ このカレー　⑤ このスープ

① _____。
② _____。
③ _____。
④ _____。
⑤ _____。

4. 山田さんの町は大きいですか。— はい、大きいです。／いいえ、大き**くないです**。

① A：山口さんの町はにぎやかですか。
　　B：はい、_____。
② A：鈴木さんの町は人が多いですか。
　　B：はい、_____。
③ A：パクさんの町は静かですか。
　　B：いいえ、_____。
④ A：タイは12月、寒いですか。
　　B：いいえ、_____。
⑤ A：このビルは新しいですか。
　　B：はい、_____。
⑥ A：このコーヒーは甘いですか。
　　B：いいえ、_____。

5. 法隆寺は古いお寺です。

① 富士山・高いです・山
　→ _____。

② 京都・有名です・町
　→ _____。

③ KSビル・新しいです・ビル
　→ _____。

④ これ・大きいです・教会
　→ _____。

⑤ 私の町・にぎやかです・ところ
　→ _____。

6. 私の町にきれいな公園があります。

① 私の町　②箱根　③長崎　④パース

① _____。
② _____。
③ _____。
④ _____。

7. 姫路城は大きいです。**そして**、有名です。
　／高尾山は低いです**が**、きれいです。

① わかば公園・静かです・緑が多いです
　→ _____

② 私の町・大きいです・にぎやかです
　→ _____

③ このビル・新しいです・きれいじゃありません
　→ _____

④ このスープ・温かいです・おいしいです
　→ _____

⑤ 私の町・有名じゃありません・いいところです
　→ _____

⑥ 高尾山・有名です・あまり高くないです
　→ _____

8. 私の町は12月、**とても**寒いです。／私の町は夏、**あまり暑くないです**。

① 私の町・4月・天気がいいです（あまり）
　→ _____。

② 北海道・2月・雪が多いです（とても）
　→ _____。

③ このジュース・すっぱいです（少し）
　→ _____。

④ このコーヒー・苦いです（あまり）
　→ _____。

⑤ ヤマダビル・古いです・ビル（少し）
　→ _____。

1.

例) 私の町に(大きいです→ 大きい)公園があります。

① 私の町はとても(静かです→　　　　　　　)ところです。緑が(多いです→　　　　　　　)。
　（ 高いです→　　　　　　　）山と(きれいです→　　　　　　　)川があります。

② 私の町はロシアのモスクワです。
　モスクワは(にぎやかです→　　　　　　　)町です。
　（ 古いです→　　　　　　　）教会があります。とても(きれいです→　　　　　　　)。
　モスクワは冬、寒いです。雪がとても(多いです→　　　　　　　)。
　夏、あまり(暑いです→　　　　　　　)。
　モスクワは(いいです→　　　　　　　)ところです。ぜひ来てください。

2.

例)【ここ／です／町／静か】
　→ ここは静かな町です 。

① 【北海道／です／ところ／きれい】
　→　　　　　　　　　　　　　　　　　　　　　。

② 【ケーキ／です／この／甘い／あまり】
　→　　　　　　　　　　　　　　　　　　　　　。

③ 【駅／学校／です／どのくらい／歩いて】
　→　　　　　　　　　　　　　　　　　　　　　。

④ 【KSビル／新しい／きれい／そして／です／です】
　→　　　　　　　　　　　　　　　　。　　　　　　　　　　　　　　　。

⑤ 【町／暖かい／私／です／一年中】
　→　　　　　　　　　　　　　　　　　　　　　。

⑥ 【あります／高い／私／とても／町／山】
　→　　　　　　　　　　　　　　　　　　　　　。

3.

例) A：パクさんの誕生日は＿＿いつですか＿＿。
　　B：10月4日です。

① A：＿＿＿＿＿＿＿＿＿＿＿＿＿＿＿＿＿＿＿＿＿＿＿＿＿＿＿＿＿＿。
　　B：韓国です。
　　A：＿＿＿＿＿＿＿＿＿＿＿＿＿＿＿＿＿＿＿＿＿＿＿＿＿＿＿＿＿＿。
　　B：韓国のソウルです。
　　A：ソウル？＿＿＿＿＿＿＿＿＿＿＿＿＿＿＿＿＿＿＿＿＿＿＿＿。
　　B：韓国の北です。
　　A：日本から＿＿＿＿＿＿＿＿＿＿＿＿＿＿＿＿＿＿＿＿＿＿＿＿。
　　B：飛行機で2時間くらいです。
　　A：そうですか。＿＿＿＿＿＿＿＿＿＿＿＿＿＿＿＿＿＿＿＿＿＿。
　　B：にぎやかなところです。人がとても多いです。
　　A：へえ。＿＿＿＿＿＿＿＿＿＿＿＿＿＿＿＿＿＿＿＿＿＿＿＿＿。
　　B：高いビルがあります。63ビルです。
　　A：へえ。

② A：今日は暑いですね。
　　B：そうですね。
　　A：Bさんの町も8月、暑いですか。
　　B：はい、暑いです。Aさんの町は＿＿＿＿＿＿＿＿＿＿＿＿＿＿。
　　A：私の町もとても暑いです。

4.

例) 私（ は ）パクです。

① 私の町（　　）イタリア（　　）ローマです。ローマ（　　）イタリア（　　）真ん中です。
東京（　　）（　　）ローマ（　　）（　　）飛行機（　　）12時間半くらいです。
ローマ（　　）にぎやかなところです。ローマ（　　）大きい教会（　　）あります。
古いです（　　）、とてもきれいです。

ローマ＝Rome／罗马／로마／Rome

② A：暑いです（　　）。
　　B：そうです（　　）。
　　A：Bさんの国は8月、暑いですか。
　　B：いいえ、あまり暑くないです。雨（　　）多いです。
　　A：そうですか。
　　B：Aさんの国（　　）どうですか。
　　A：私の国は8月、とても天気（　　）いいです。
　　B：へえ。

私の国・町

第5課

休みの日

- 周りの人に週末の出来事について話そう。
  Talk to people around you about what you did on the weekend.／和周围的人聊聊周末做的事。／주변 사람에게 주말에 있었던 일에 관해 이야기하기／VHãy nói cho mọi người xung quanh về những sự kiện cuối tuần của mình.

- 周りの人に夏休みや冬休みに日本でどこへ行きたいか話そう。
  Talk to people around you about where you want to go in Japan during summer or winter vacation.／和周围的人聊聊寒暑假想去日本的什么地方。／주변 사람에게 여름방학이나 겨울방학에 일본에서 가고 싶은 곳에 관해 이야기하기／Hãy nói với mọi người xung quanh về địa điểm mình muốn đi tại Nhật Bản vào kỳ nghỉ hè hoặc kỳ nghỉ đông.

		『できる日本語 初級』ポイント
1	食べました／食べませんでした	☞ 37
2	昨日、私はレストランで食事をしました。 うちで料理を作りませんでした。	☞ 37
3	昨日、友達に会いました。それから、食事をしました。	☞ 45
4	おいしかったです／おいしくなかったです にぎやかでした／にぎやかじゃありませんでした 雨でした／雨じゃありませんでした	☞ 38
5	旅行は楽しかったですか。 ― はい、楽かったです。／いいえ、楽くなかったです。	☞ 38
6	先週の木曜日、友達とお酒を飲みました。楽しかったです。	☞ 37, 38
7	昨日は雨でしたから、どこへも行きませんでした。	☞ 47
8	新しい財布がほしいです。／春休み、京都へ行きたいです。	☞ 40, 41
9・10	山へ花の写真を撮りに行きます。	☞ 42

1.

行きます	行きました	行きません	行きませんでした
読みます			読みませんでした
	作りました	作りません	
洗濯します		洗濯しません	
	来ました		

2. 昨日、私はレストランで食事を**しました**。うちで料理を作り**ませんでした**。

① A：昨日、何を(します→　　　　　　　　　　)か。
　 B：公園で友達とサッカーを(します→　　　　　　　　　　)。
② A：昨日、どこかへ(行きます→　　　　　　　　　　)か。
　 B：いいえ、どこへも(行きます→　　　　　　　　)。
　　 うちでお菓子を(作ります→　　　　　　　　)。
　　 SNSを(見ます→　　　　　　　)。
③ A：今朝、朝ごはんを(食べます→　　　　　　　　　　)か。
　 B：いいえ、何も(食べます→　　　　　　　)。
　　 牛乳を(飲みます→　　　　　　　)。
④ 昨日の夜、友達に(会います→　　　　　　　)。
　 新宿で映画を(見ます→　　　　　　　)。
　 家で(勉強します→　　　　　　　)。

3. 昨日、友達に会いました。**それから**、食事をしました。

① 　昨日、＿＿＿＿＿＿＿＿＿＿＿＿＿＿＿＿＿。
　　　　　　　　　　＿＿＿＿＿＿＿＿＿＿＿＿＿＿＿＿＿＿＿＿＿。

② 　先週の土曜日、＿＿＿＿＿＿＿＿＿＿＿＿＿。
　　　　　　　　　　＿＿＿＿＿＿＿＿＿＿＿＿＿＿＿＿＿＿＿＿＿。

③ おとといヽ_____。
　　_____。

④ あさってヽ_____。
　　_____。

4.

高いです		高くないです	高くなかったです
	暑かったです		
		忙しくないです	
気持ちがいいです			
きれいです			きれいじゃありませんでした
		大変じゃありません	
雨です			
	休みでした		

5. 旅行は楽し**かったです**か。
　　— はい、楽し**かったです**。／いいえ、楽し**くなかったです**。

① A：映画はおもしろかったですか。
　　B：はい、_____。

② A：山の天気はよかったですか。
　　B：いいえ、あまり_____。

③ A：昨日は忙しかったですか。
　　B：はい、_____。

④ A：海はきれいでしたか。
　　B：はい、とても_____。

⑤ A：アルバイトは大変でしたか。
　　B：いいえ、_____。

6. 先週の木曜日、友達とお酒を飲み**ました**。楽し**かったです**。

1 木	2 金	3 土	4 日	5 月	6 火
	①	②	③	④	今日

① _____

② _____

③ _____

④ _____

7. 昨日は雨でした**から**、どこへも行きませんでした。

① 明日、テストですから、　　　　・　　・ 国へ帰りません。
② 今朝、10時に起きましたから、　・　　・ どこへも行きませんでした。
③ 昨日、風邪でしたから、　　　　・　　・ 今晩、うちで勉強します。
④ 私は肉が嫌いですから、　　　　・　　・ 朝ご飯を食べませんでした。
⑤ 夏休み、日本でアルバイトをしますから、・　・ 食べません。

8. 新しい財布**がほしいです**。／春休み、京都へ行き**たいです**。

① _____。
② _____。
③ _____。
④ _____。

9. 山へ花の写真を撮り**に**行きます。

① 図書館へ（　　　　　　　　　　　　）行きます。
② 今晩、レストランへ（　　　　　　　　　　　　）行きます。
③ 今年の冬、北海道へ（　　　　　　　　　　　　）行きます。
④ デパートへ（　　　　　　　　　　　　）行きます。
⑤ 日本へ（　　　　　　　　　　　　）来ました。
⑥ 国へ（　　　　　　　　　　　　）帰ります。

　　　本を借ります　　かばんを買います　　家族に会います
　　　日本語を勉強します　　スキーをします　　食事します

10. 山へ花の写真を撮り**に**行きます。

① 公園へ_____。
② 友達の家へ_____。
③ コンビニへ_____。
④ 京都へ_____。

第5課　31

1.

①
```
買います　行きます　見ます　食事します
多いです　おいしいです　好きです
```

例) 日曜日、新宿へ靴を(　買い　)に行きました。新宿は人が(　多かったです　)。
レストランで(　　　　　　)。とても(　　　　　　　)。
私は映画が(　　　　　　)から、来週、友達と渋谷へ映画を見に(　　　　　　)。
おもしろい映画を(　　　　　　)たいです。

②
```
起きます　行きます　買います　勉強します　見ます
おもしろいです　いいです
```

昨日、11時に(　　　　　　)。コンビニで昼ご飯を(　　　　　　)。
天気が(　　　　　　)から、どこへも(　　　　　　)。
午後、ルームメイトとテレビを(　　　　　　)。あまり(　　　　　　)。
9時から10時まで日本語を(　　　　　　)。
それから、2時間くらいゲームをしました。

③
```
食べます　入ります　登ります
おいしいです　少ないです　いいです　静かです　きれいです
日曜日です
```

昨日、友達と一緒に山に(　　　　　　)。
とても天気が(　　　　　　)。景色はとても(　　　　　　)。
山の上でお弁当を(　　　　　　)。お弁当は(　　　　　　)。
山の上は人が(　　　　　　)から、(　　　　　　)。
それから、温泉に(　　　　　　)。
とても楽しい(　　　　　　)。

〜の上で = at the top of 〜／〜上／〜위에서／Ở trên〜

2.

例) A：イさんの誕生日は＿＿＿いつですか＿＿＿。
　　B：3月10日です。

① A：エレナさん、先週、＿＿＿＿＿＿＿＿＿＿＿＿＿＿＿＿。
　　B：お台場へ行きました。
　　A：＿＿＿＿＿＿＿＿＿＿＿＿＿＿＿＿＿＿。
　　B：夜の景色がとてもきれいでした。

② A：先週の日曜日、＿＿＿＿＿＿＿＿＿＿＿＿＿＿＿＿。
　　B：いいえ、どこへも行きませんでした。

③ A：昨日、新宿のデパートへ行きました。
　　B：へえ。何を＿＿＿＿＿＿＿＿＿＿＿＿＿＿＿＿。
　　A：＿＿＿＿＿＿＿＿買いませんでした。
　　B：＿＿＿＿＿＿＿＿＿＿＿＿＿＿＿＿。
　　A：とても高かったですから。

④ A：今度の休みに＿＿＿＿＿＿＿＿＿＿＿＿＿＿＿＿＿。
　　B：パソコンがほしいですから、サカイ電器へ行きます。
　　A：そうですか。

3.

例) 私（ は ）パクです。

① A：昨日、何をしましたか。
　　B：新宿（　　）友達（　　）会いました。
　　A：そうですか。何をしましたか。
　　B：ハンバーグを食べ（　　）行きました。レストランは人（　　）多かったです。
　　　それから、デパート（　　）行きました。
　　A：何を買いましたか。
　　B：何（　　）買いませんでした。Aさんは何をしましたか。
　　A：1人（　　）映画（　　）見ました。とてもおもしろかったです。

② A：日曜日、何をしましたか。
　　B：友達（　　）代々木公園（　　）行きました。公園（　　）写真（　　）撮りました。
　　A：へえ、そうですか。マルコさんは写真（　　）好きですか。
　　B：はい。今度の休みに、お台場（　　）写真を撮り（　　）行きたいです。

週末の話

週末はどうでしたか。

今度の休みに

日本でどこへ行きたいですか。どうしてですか。

第6課

一緒に！

- 友達を誘って、出かける約束をしよう。
  Invite and make plans to go out with a friend.／邀约朋友，约定外出时间。／친구와 외출 약속 잡기／Hãy rủ bạn bè và hẹn nhau cùng đi ra ngoài.

『できる日本語 初級』ポイント

1 週末、一緒に美術館へ絵を見に行き**ませんか**。　　　☞ 48, 49, 50
　── いいですね。行き**ましょう**。
　／すみません、週末**は**ちょっと……。約束**があります**から。

2 土曜日、さくら公園**で**お祭り**があります**。　　　☞ 51

3 美術館のチケット**が**2枚**あります**。　　　☞ 52

4 日本の食べ物ですし**がいちばん**好きです。　　　☞ 53

5 電車**と**バス**とどちらが**いいですか。　　　☞ 55, 56
　── 電車**のほうが**いいです。

6 電車**は**バス**より**安いです。　　　☞ 54

7 **もう**お好み焼きを食べ**ました**か。　　　☞ 57
　── はい、（もう）食べました。／いいえ、**まだです**。

1. 週末、一緒に美術館へ絵を見に行き**ませんか**。
   ― いいですね。行き**ましょう**。／すみません、週末**は**ちょっと……。約束**があります**から。

① ② ③ ④ ⑤

① A: ＿＿＿＿＿＿＿＿＿＿＿＿＿＿＿＿＿＿＿＿＿＿＿＿＿＿＿＿＿＿
　 B: ＿＿＿＿＿＿＿＿＿＿＿＿＿＿＿＿＿＿＿＿＿＿＿＿＿＿＿＿＿＿
② A: ＿＿＿＿＿＿＿＿＿＿＿＿＿＿＿＿＿＿＿＿＿＿＿＿＿＿＿＿＿＿
　 B: ＿＿＿＿＿＿＿＿＿＿＿＿＿＿＿＿＿＿＿＿＿＿＿＿＿＿＿＿＿＿
③ A: ＿＿＿＿＿＿＿＿＿＿＿＿＿＿＿＿＿＿＿＿＿＿＿＿＿＿＿＿＿＿
　 B: ＿＿＿＿＿＿＿＿＿＿＿＿＿＿＿＿＿＿＿＿＿＿＿＿＿＿＿＿＿＿
④ A: ＿＿＿＿＿＿＿＿＿＿＿＿＿＿＿＿＿＿＿＿＿＿＿＿＿＿＿＿＿＿
　 B: ＿＿＿＿＿＿＿＿＿＿＿＿＿＿＿＿＿＿＿＿＿＿＿＿＿＿＿＿＿＿
⑤ A: ＿＿＿＿＿＿＿＿＿＿＿＿＿＿＿＿＿＿＿＿＿＿＿＿＿＿＿＿＿＿
　 B: ＿＿＿＿＿＿＿＿＿＿＿＿＿＿＿＿＿＿＿＿＿＿＿＿＿＿＿＿＿＿

2. 土曜日、さくら公園**で**お祭り**があります**。

① A: ＿＿＿＿＿＿＿＿＿＿＿＿＿＿＿＿＿＿＿＿＿＿＿＿。一緒に行きませんか。
　 B: いいですね。行きましょう。
② A: ＿＿＿＿＿＿＿＿＿＿＿＿＿＿＿＿＿＿＿＿＿＿＿＿。一緒に行きませんか。
　 B: いいですね。行きましょう。
③ A: ＿＿＿＿＿＿＿＿＿＿＿＿＿＿＿＿＿＿＿＿＿＿＿＿。一緒に行きませんか。
　 B: いいですね。行きましょう。

3. 美術館のチケットが2枚あります。

① A：＿＿＿＿＿＿＿＿＿＿＿＿＿＿＿＿＿＿＿＿＿＿＿。一緒に＿＿＿＿＿＿＿＿＿＿＿＿＿＿＿。
　 B：いいですね。＿＿＿＿＿＿＿＿＿＿＿＿＿＿＿＿＿＿＿。
② A：＿＿＿＿＿＿＿＿＿＿＿＿＿＿＿＿＿＿＿＿＿＿＿。一緒に＿＿＿＿＿＿＿＿＿＿＿＿＿＿＿。
　 B：いいですね。＿＿＿＿＿＿＿＿＿＿＿＿＿＿＿＿＿＿＿。
③ A：今度の週末、一緒に＿＿＿＿＿＿＿＿＿＿＿＿＿＿＿＿＿＿＿＿＿＿＿＿＿＿＿＿＿。
　 B：すみません、海はちょっと……。＿＿＿＿＿＿＿＿＿＿＿＿＿＿＿＿＿＿＿から。

4. 日本の食べ物ですしがいちばん好きです。

① 電器屋・サカイ電器・安い　　　　　→＿＿＿＿＿＿＿＿＿＿＿＿＿＿＿＿＿＿＿＿＿。
② 日本のお寺・法隆寺・古い　　　　　→＿＿＿＿＿＿＿＿＿＿＿＿＿＿＿＿＿＿＿＿＿。
③ スポーツ・（　　　）・おもしろい　→＿＿＿＿＿＿＿＿＿＿＿＿＿＿＿＿＿＿＿＿＿。
④ 果物・（　　　）・（　　　）　　　→＿＿＿＿＿＿＿＿＿＿＿＿＿＿＿＿＿＿＿＿＿。
⑤ 季節・（　　　）・（　　　）　　　→＿＿＿＿＿＿＿＿＿＿＿＿＿＿＿＿＿＿＿＿＿。

5. 電車とバスとどちらがいいですか。— 電車のほうがいいです。

① A：＿＿＿＿＿＿＿＿＿＿＿＿＿＿＿＿＿＿＿＿＿＿＿＿＿＿＿＿＿＿＿＿＿＿＿。
　 B：＿＿＿＿＿＿＿＿＿＿＿＿＿＿＿＿＿＿＿＿＿＿＿＿＿＿＿＿＿＿＿＿＿＿＿。

② A：＿＿＿＿＿＿＿＿＿＿＿＿＿＿＿＿＿＿＿＿＿＿＿＿＿＿＿＿＿＿＿＿＿＿＿。
　 B：＿＿＿＿＿＿＿＿＿＿＿＿＿＿＿＿＿＿＿＿＿＿＿＿＿＿＿＿＿＿＿＿＿＿＿。

③ （映画館の絵：ニコニコ映画館 200m² ／ ふじ映画館 150m²）

A：＿＿＿＿＿＿＿＿＿＿＿＿＿＿＿＿＿＿＿＿＿＿＿＿＿＿＿＿＿＿＿。
B：＿＿＿＿＿＿＿＿＿＿＿＿＿＿＿＿＿＿＿＿＿＿＿＿＿＿＿＿＿＿＿。

④ （海と山の絵）

A：＿＿＿＿＿＿＿＿＿＿＿＿＿＿＿＿＿＿＿＿＿＿＿＿＿＿＿＿＿＿＿。
B：＿＿＿＿＿＿＿＿＿＿＿＿＿＿＿＿＿＿＿＿＿＿＿＿＿＿＿＿＿＿＿。

6. 電車はバスより安いです。

① このスマートフォン＞パソコン・高い → ＿＿＿＿＿＿＿＿＿＿＿＿＿＿＿＿＿＿＿＿＿＿＿＿＿。
② 私の町＞東京・にぎやか → ＿＿＿＿＿＿＿＿＿＿＿＿＿＿＿＿＿＿＿＿＿＿＿＿＿。
③ 昨日＞今日・寒い → ＿＿＿＿＿＿＿＿＿＿＿＿＿＿＿＿＿＿＿＿＿＿＿＿＿。
④ 先週＞今週・暇 → ＿＿＿＿＿＿＿＿＿＿＿＿＿＿＿＿＿＿＿＿＿＿＿＿＿。

7. もうお好み焼きを食べましたか。— はい、(もう)食べました。／いいえ、まだです。

① A：もう『キングマン』を見ましたか。　B：はい、＿＿＿＿＿＿＿＿＿＿＿＿＿＿＿＿。
② A：もう昼ご飯を食べましたか。　　　　B：いいえ、＿＿＿＿＿＿＿＿＿＿＿＿＿＿＿。
③ A：もう掃除をしましたか。　　　　　　B：はい、＿＿＿＿＿＿＿＿＿＿＿＿＿＿＿＿。
④ A：マルコさんはもう来ましたか。　　　B：いいえ、＿＿＿＿＿＿＿＿＿＿＿＿＿＿＿。

1.

A：もうお台場へ（行きます→　　　　　　　　　　）。
B：いいえ、まだです。
A：じゃ、今度一緒に（行きます→　　　　　　　　　　）。
B：いいですね。（行きます→　　　　　　　　　　）。
A：お台場においしいカレー屋がありますよ。一緒に（食べます→　　　　　　　　　　）。
B：はい。ぜひ（食べます→　　　　　　　　　　）です。

2.

| 何　いつ　誰　どこ　どちら　どう |

例) A：スポーツで＿＿何がいちばん好きですか＿＿。　　B：野球がいちばん好きです。
① A：お酒で＿＿＿＿＿＿＿＿＿＿＿＿＿＿。　　B：ビールがいちばん好きです。
② A：Bさんの国は1年で＿＿＿＿＿＿＿＿＿＿＿＿＿＿＿＿。　　B：2月がいちばん寒いです。
③ A：日本で＿＿＿＿＿＿＿＿＿＿＿＿＿＿＿。　　B：北海道がいちばんいいです。
④ A：日本の歌手で＿＿＿＿＿＿＿＿＿＿＿＿＿＿＿＿。　　B：田中愛がいちばん好きです。
⑤ A：さくら公園とみどり公園と＿＿＿＿＿＿＿＿＿＿＿＿＿＿＿＿＿＿。
　　B：みどり公園のほうが広いです。
⑥ A：今日、買い物に行きませんか。
　　B：いいですね。どこへ行きますか。
　　A：渋谷＿＿＿＿＿＿＿＿＿＿＿＿＿＿＿＿。
　　B：いいですね。そうしましょう。

3.

例) 私（ は ）パクです。学生（ × ）です。
① A：ワンさん、映画（　）チケット（　）2枚（　）あります。
　　　あさって（　）、一緒に見（　）行きませんか。
　　B：いいですね。行きましょう。アンナさんは？
　　C：あさってですか。すみません。あさって（　）ちょっと……。
　　　約束（　）あります（　）（　）。
② A：マルコさんはスポーツ（　）何（　）いちばん好きですか。
　　B：サッカー（　）いちばん好きです。
　　A：そうですか。来月の15日、横浜（　）サッカーの試合（　）あります（　）。
　　　一緒に行きませんか。
　　B：いいですね。何時（　）会いますか。
　　A：5時（　）どうですか。
　　B：5時です（　）。わかりました。
　　A：じゃ、5時（　）新宿駅（　）会いましょう。
③ A：一緒に昼ご飯を食べませんか。
　　B：いいですね。オレンジ（　）ひまわり（　）どちら（　）いいですか。
　　A：オレンジ（　）ほう（　）いいです。
　　　オレンジはひまわり（　）（　）おいしいですから。

第6課

週末の約束

絵を見て、＿＿＿に会話を書いてください。☐の中のことばも使いましょう。

> ああ　わあ　ええ　じゃ　いいですね　そうですか
> そうですねえ　そうしましょう　わかりました　楽しみです

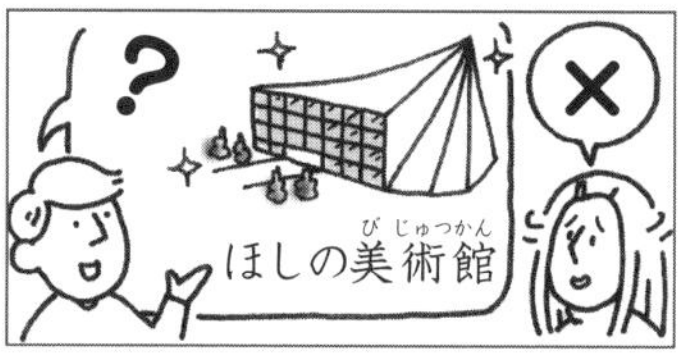

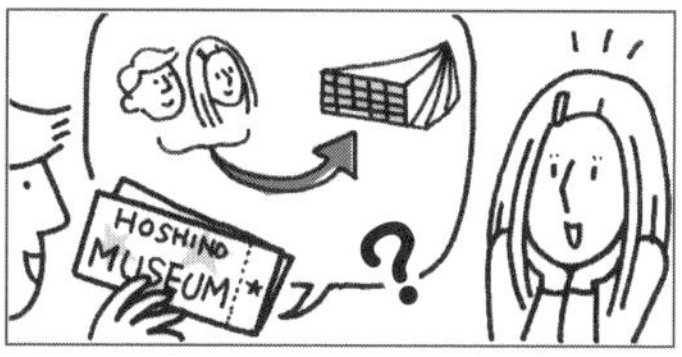

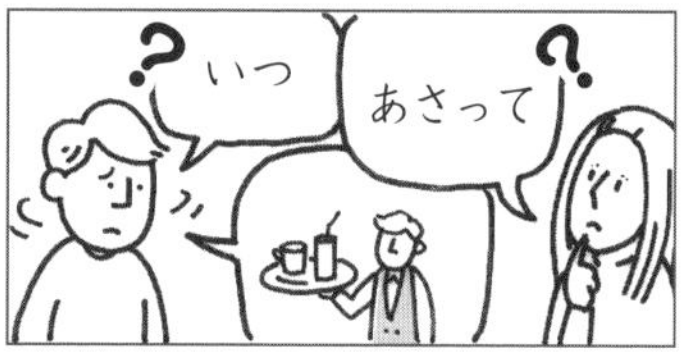

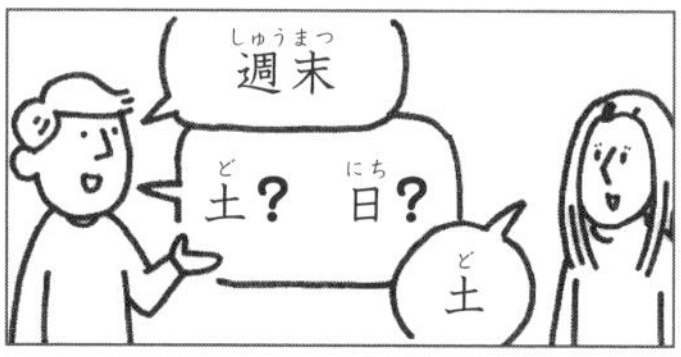

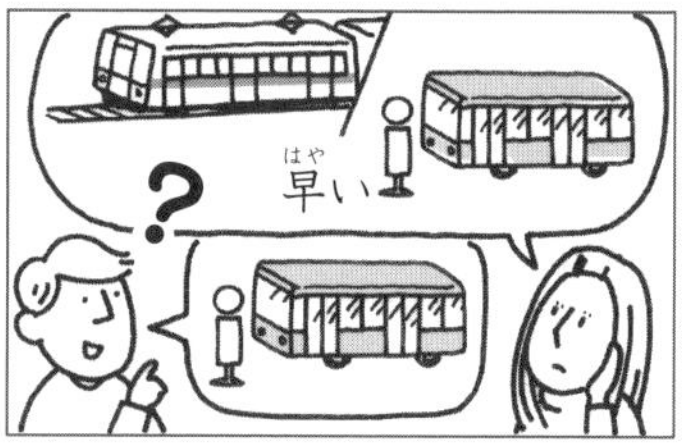

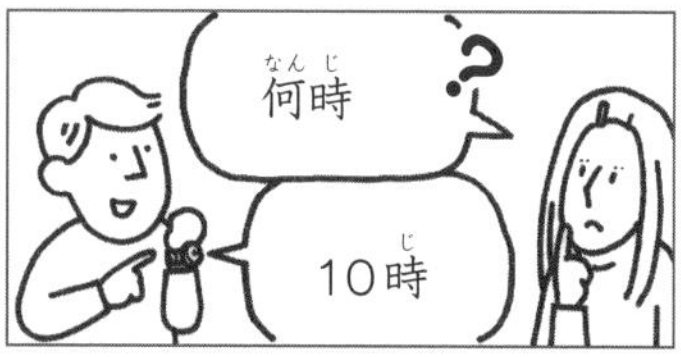

A: ＿＿＿
B: ＿＿＿
A: ＿＿＿
B: ＿＿＿
A: ＿＿＿
B: ＿＿＿
A: ＿＿＿
B: ＿＿＿
A: ＿＿＿
B: ＿＿＿
A: ＿＿＿
B: ＿＿＿
A: ＿＿＿
B: ＿＿＿
A: ＿＿＿
B: ＿＿＿
A: ＿＿＿
B: ＿＿＿
A: ＿＿＿

第7課

友達の家で

- 友達とバーベキューをしよう。
  Have a barbeque with your friends.／和朋友去燒烤。／친구와 바비큐하기／Hãy tổ chức bữa tiệc BBQ với bạn bè.

『できる日本語 初級』ポイント

1	スーパーは郵便局の後ろにあります。	☞ 61
2	駅の前にイさんがいます。	☞ 62
3	テ形	
4	野菜を洗ってください。	☞ 63
5	ナイフでパンを切ります。	☞ 71
6	カレーの作り方を教えてください。	☞ 66
7	メアリーさんはジョンさんと話しています。	☞ 64
8	サラダを取りましょうか。	☞ 65

1. スーパーは郵便局の後ろにあります。

① ② ③ ④山田さん ⑤ ⑥

① トイレは＿＿＿＿＿＿＿＿＿＿＿＿＿＿＿＿＿＿＿＿＿＿＿＿＿＿＿＿＿。
② 私は＿＿＿＿＿＿＿＿＿＿＿＿＿＿＿＿＿＿＿＿＿＿＿＿＿＿＿＿＿＿。
③ 私は＿＿＿＿＿＿＿＿＿＿＿＿＿＿＿＿＿＿＿＿＿＿＿＿＿＿＿＿＿＿。
④ ＿＿＿＿＿＿＿＿＿＿＿＿＿＿＿＿＿＿＿＿＿＿＿＿＿＿＿＿＿＿＿＿＿。
⑤ ＿＿＿＿＿＿＿＿＿＿＿＿＿＿＿＿＿＿＿＿＿＿＿＿＿＿＿＿＿＿＿＿＿。
⑥ ＿＿＿＿＿＿＿＿＿＿＿＿＿＿＿＿＿＿＿＿＿＿＿＿＿＿＿＿＿＿＿＿＿。

2. 駅の前にイさんがいます。

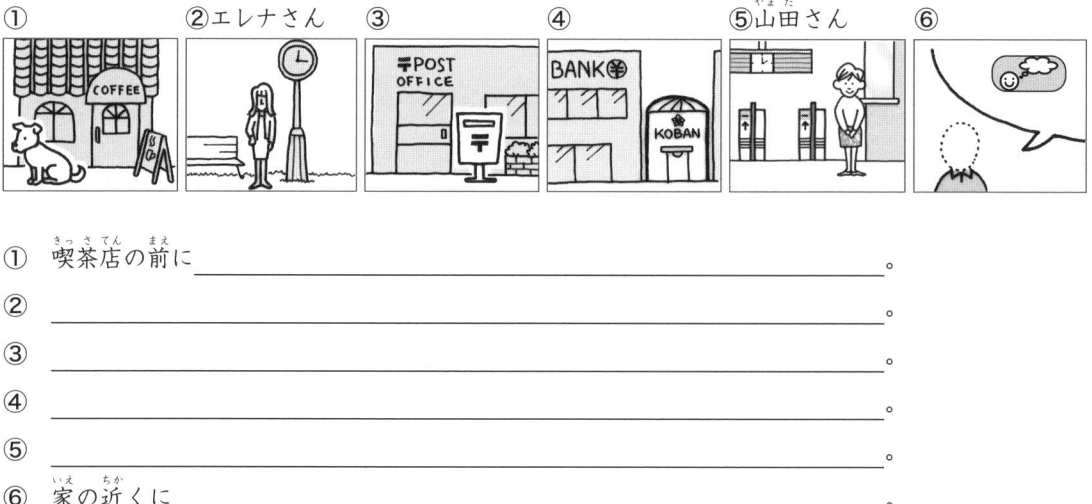

① ②エレナさん ③ ④ ⑤山田さん ⑥

① 喫茶店の前に＿＿＿＿＿＿＿＿＿＿＿＿＿＿＿＿＿＿＿＿＿＿＿＿＿＿。
② ＿＿＿＿＿＿＿＿＿＿＿＿＿＿＿＿＿＿＿＿＿＿＿＿＿＿＿＿＿＿＿＿＿。
③ ＿＿＿＿＿＿＿＿＿＿＿＿＿＿＿＿＿＿＿＿＿＿＿＿＿＿＿＿＿＿＿＿＿。
④ ＿＿＿＿＿＿＿＿＿＿＿＿＿＿＿＿＿＿＿＿＿＿＿＿＿＿＿＿＿＿＿＿＿。
⑤ ＿＿＿＿＿＿＿＿＿＿＿＿＿＿＿＿＿＿＿＿＿＿＿＿＿＿＿＿＿＿＿＿＿。
⑥ 家の近くに＿＿＿＿＿＿＿＿＿＿＿＿＿＿＿＿＿＿＿＿＿＿＿＿＿＿＿。

3. テ形

1グループ				2グループ	
買います	買って	遊びます		食べます	
手伝います		書きます		開けます	
吸います		置きます		教えます	
持ちます		行きます		起きます	
作ります		持って行きます		3グループ	
切ります		泳ぎます		来ます	
飲みます		話します		持って来ます	
読みます		貸します		勉強します	

4. 野菜を洗ってください。

① 暑いですから、窓を(　　　　　　　　　　)。
② ここに名前を(　　　　　　　　　　)。
③ 明日9時半からパーティーです。9時に学校へ(　　　　　　　　　　)。
④ この料理を隣の部屋へ(　　　　　　　　　　)。
⑤ 冷蔵庫から飲み物を(　　　　　　　　　　)。
⑥ 消しゴムを(　　　　　　　　　　)。
⑦ エレナさん、国の料理を(　　　　　　　　　　)。

　　　開けます　　洗います　　書きます　　来ます　　貸します
　　　出します　　作ります　　持って行きます

5. ナイフでパンを切ります。

① ＿＿＿＿＿＿＿＿＿＿＿＿＿＿＿＿名前を書きます。
② ＿＿＿＿＿＿＿＿＿＿＿＿＿＿＿＿ラーメンを食べます。
③ ＿＿＿＿＿＿＿＿＿＿＿＿＿＿＿＿ピザを注文します。
④ ＿＿＿＿＿＿＿＿＿＿＿＿＿＿＿＿公園へ行きます。

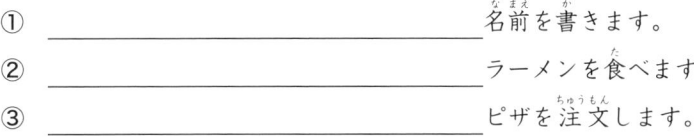

6. カレーの作り方を教えてください。

① このカメラ・使います・教えてください
　→_____。

② チケット・買います・教えてください
　→_____。

③ 野菜・切ります・わかりません
　→_____。

④ 漢字・読みます・わかりません
　→_____。

7. メアリーさんはジョンさんと話しています。

① パクさんはピアノを(弾きます→　　　　　　　　)。
② ダニエルさんは本を(読みます→　　　　　　　　)。
③ ワンさんは電話を(かけます→　　　　　　　　)。
④ 山口さんは図書館で(勉強します→　　　　　　　　)。
⑤ ナタポンさんは歌を(歌います→　　　　　　　　)。
⑥ マルコさんはあそこでたばこを(吸います→　　　　　　　　)。
⑦ メアリーさんは部屋で何を(します→　　　　　　　　)。

8. サラダを取りましょうか。

①
A：_____。
B：お願いします。

②
A：_____。
B：お願いします。

③ A：＿＿＿＿＿＿＿＿＿＿＿＿＿＿＿＿＿＿＿＿＿＿＿＿＿＿＿＿＿＿＿＿＿。
　 B：あ、ありがとうございます。

④ A：＿＿＿＿＿＿＿＿＿＿＿＿＿＿＿＿＿＿＿＿＿＿＿＿＿＿＿＿＿＿＿＿＿。
　 B：はい、＿＿＿＿＿＿＿＿＿＿＿＿＿＿＿＿＿＿＿＿＿＿＿＿＿＿＿＿＿。

1.　　　　［ ～方　～ています　～てください　～ましょうか ］

例）このケーキはおいしいですよ。ぜひ（食べます→　食べてください　）。
① A：カルロスさんはどこですか。
　 B：あそこで音楽を（聞きます→　　　　　　　　　　）よ。
② A：このケーキ、冷蔵庫に（入れます→　　　　　　　　　　）。
　 B：あ、はい、お願いします。
③ パソコンの（使います→　　　　　　　　　　）を教えてください。
④ A：パクさん、かばんを（持ちます→　　　　　　　　　　）。
　 B：あ、ありがとうございます。
⑤ A：隣の部屋からいすを（持って来ます→　　　　　　　　　　）。
　 B：はい、わかりました。

2.

例）駅の前にコンビニが［ (あります) ・ います ］。
① 私の部屋にテレビが［ あります ・ います ］。
② 先生は1階に［ あります ・ います ］。
③ テーブルの上に花が［ あります ・ います ］。
④ ワンさんのスマートフォンはテーブルの上に［ あります ・ います ］。
⑤ 公園にパクさんが［ あります ・ います ］。

3.

①
A：エレナさんのかばんは［　どれ　・　どの　］ですか。
B：［　あれ　・　あの　］大きいかばんです。

② A：すみません。［　それ　・　その　］お皿を取ってください。
B：［　どれ　・　どの　］お皿ですか。
A：［　それ　・　その　］です。

③ A：しょうゆは［　どれ　・　どの　］ですか。
B：［　これ　・　この　］ですか。

4.

例）A：誕生日は＿＿いつですか＿＿。
　　B：3月10日です。
① A：今、＿＿＿＿＿＿＿＿＿＿＿＿＿＿＿＿。
　　B：コンビニにいます。
② A：すみません、私のスマホを取ってください。
　　B：Aさんの＿＿＿＿＿＿＿＿＿＿＿＿＿＿＿＿＿＿＿＿＿＿＿＿。
　　A：それです。
③ A：このケーキ、おいしいですね。＿＿＿＿＿＿＿＿＿＿＿＿＿＿＿＿。
　　B：山口さんが作りました。
④ A：すみません、フォークを取ってください。
　　B：＿＿＿＿＿＿＿＿＿＿＿＿＿＿＿＿＿＿＿＿＿＿。
　　A：その小さいフォークです。

5.

例) 私(は)パクです。

① 〈電話で〉
A：もしもし、ワンさん？ 今、どこ(   )いますか。
B：公園(   )前(   )います。近く(   )スーパー(   )あります。
A：わかりました。迎え(   )行きます。

② 〈パーティーの準備〉
A：メアリーさん、このナイフ(   )パン(   )切ってください。
　それから、お皿(   )パン(   )置いてください。
B：はい。
A：カルロスさん、冷蔵庫(   )このケーキ(   )入れてください。
　それから、冷蔵庫(   )(   )ビール(   )出してください。
A：パクさん？ あれ？ パクさんは？
B：パクさんは隣の部屋(   )メアリーさん(   )話していますよ。

③ A：このケーキ、おいしいです(   )。誰(   )作りましたか。
B：ワンさん(   )作りました。

④ A：マルコさんの電話番号(   )わかりません。教えてください。
B：私(   )わかりませんから、ダニエルさん(   )聞いてください。

電話番号 = telephone number ／电话号码／전화번호／Số điện thoại

みんなでバーベキュー

① _____

② _____

③ _____

④ _____

⑤ _____

第8課

大切な人

- 周りの人に今住んでいるところについて紹介しよう。
  Introduce where you currently live to people around you.／向周围的人介绍自己居住的地方。／주변 사람에게 지금 살고 있는 곳에 관해 소개하기／Hãy giới thiệu về nơi mình đang sống cho mọi người xung quanh.

- 大切な人について、周りの人に話したり聞いたりしよう。
  Talk and ask about special people in your lives with people around you.／和周围的人聊聊对自己重要的人。／소중한 사람에 관해 주변 사람에게 이야기하고, 질문하기／Hãy nói cũng như hỏi về những người quan trọng với mọi người xung quanh.

- 周りの人に思い出のプレゼントについて話そう。
  Talk about a memorable present you have received with people around you.／和周围的人聊聊难忘的礼物。／주변 사람에게 추억의 선물에 관해 이야기하기／Hãy nói với mọi người xung quanh về món quà kỷ niệm đáng nhớ của mình.

『できる日本語 初級』ポイント

1	妹が2人います。	☞ 79
2	妹は高校で勉強しています。	☞ 73
3	うちの猫は耳が大きいです。	☞ 74
4	ジョンさんはおもしろくて、元気な人です。	☞ 75
5	父に時計をもらいました。	☞ 76, 77, 78

1. 妹が2人います。

① A：兄弟がいますか。
　 B：_____。
② A：兄弟がいますか。
　 B：_____。
③ A：兄弟がいますか。
　 B：_____。
④ A：ペットがいますか。
　 B：_____。

2. 妹は高校で勉強しています。

① 父は_____。
② 母は_____。
③ 夫は_____。
④ 弟は_____。

3. うちの猫は耳が大きいです。

① 母
② 妹
③
④

① _____。
② _____。
③ タローはうちの犬です。_____。
④ うちのウサギは_____。

4. ジョンさんはおもしろくて、元気な人です。

① うちの犬・毛が短いです・目が大きいです
　→_____。

② カルロスさん・頭がいいです・まじめです
　→_____。

③ ダニエルさんの奥さん・優しいです・料理が上手です
　→_____。

④ マルコさん・サッカーが上手です・元気な人です
　→_____。

⑤ 木村さんのご主人・親切です・おもしろい人です
　→_____。

⑥ 私の妹・17歳・高校生です
　→_____。

⑦ 私の町・緑が多いです・いいところです
　→_____。

⑧ 先週、パーティーに行きました。にぎやかでした・楽しかったです
　→先週、パーティーに行きました。_____。

第8課

5. 父に時計をもらいました。

> 借ります　あげます　もらいます　くれます　送ります　書きます　教えます

① 鈴木 → エレナ
明日はエレナさんの誕生日です。
鈴木さんは＿＿＿＿＿＿＿＿＿＿＿＿＿＿＿＿＿＿＿＿。

② 高橋 → 私
先週、私の誕生日でした。
私は＿＿＿＿＿＿＿＿＿＿＿＿＿＿＿＿＿＿＿＿。

③ 私 → 父
もうすぐクリスマスです。
私は＿＿＿＿＿＿＿＿＿＿＿＿＿＿＿＿＿＿＿＿。

④ 佐藤 → 私
私はスマイルのコンサートに行きたいです。
佐藤さんが＿＿＿＿＿＿＿＿＿＿＿＿＿＿＿＿＿＿＿＿。

⑤ イ → 山田
イさんは料理がとても上手です。
イさんは＿＿＿＿＿＿＿＿＿＿＿＿＿＿＿＿＿＿＿＿。

⑥ 私 → 大学の先生
私は大学院で勉強したいです。
私は＿＿＿＿＿＿＿＿＿＿＿＿＿＿＿＿＿＿＿＿。
大学院＝graduate school／研究生院／대학원／Cao học

⑦ 私 → 母
もうすぐ母の誕生日ですから、誕生日カードを書きました。
明日、私は＿＿＿＿＿＿＿＿＿＿＿＿＿＿＿＿＿＿＿＿。

⑧ 友達 → 私
今日、財布を忘れました。
私は＿＿＿＿＿＿＿＿＿＿＿＿＿＿＿＿＿＿＿＿。
忘れます＝to forget／忘记／잊어버립니다／Quên

1.

① 私はルームメイトと2人で横浜に(住みます→　　　　　　　)。
　ルームメイトは(おもしろいです→　　　　　　)、料理が上手です。
　銀行で(働きます→　　　　　　　)。

② A：ペットがいますか。
　B：はい、猫と犬がいます。猫の名前はミーです。ミーは(黒いです→　　　　　)、耳が
　　小さいです。犬の名前はマロンです。マロンは(大きいです→　　　　　)、茶色い犬です。

③ これはクラスメイトの写真です。この人はナタポンさんです。
　ナタポンさんは(まじめです→　　　　　　)、親切です。この人はダニエルさんです。
　ダニエルさんはサッカーが(上手です→　　　　　)、おもしろいです。
　この人はワンさんです。ワンさんは頭が(いいです→　　　　　)、優しい人です。

2.

例) A：誕生日は<u>　いつですか　</u>。　　B：2月3日です。
① A：ダニエルさんは_____。　B：上野に住んでいます。
② A：イさんは_____。　B：1人で住んでいます。
③ A：佐藤さんは_____。　B：優しくて、まじめな人です。
④ A：木村さんは_____。　B：あの人です。あそこで本を読んでいます。
⑤ A：去年のクリスマスに恋人にプレゼントをもらいました。
　B：へえ。_____。
　A：このかばんをもらいました。

3.

例) 私(は)パクです。学生(×)です。
① 私は3月に日本(　　)来ました。今、新宿(　　)住んでいます。ルームメイト(　　)
　2人(　　)住んでいます。日本人の友達が1人(　　)います。毎日、楽しいです。
② 私は姉(　　)弟(　　)います。私の姉は高校(　　)音楽(　　)教えています。
　弟は大学で絵(　　)勉強をしています。
③ アンナさんは料理(　　)上手です。来週、アンナさんの誕生日ですから、アンナさん(　　)
　きれいなお皿(　　)あげたいです。

第8課

住(す)んでいるところ

あなたはどんなところに住(す)んでいますか。紹介(しょうかい)してください。

地図(ちず)を書(か)いてください。

_____
_____
_____
_____
_____
_____
_____

私(わたし)の大切(たいせつ)な人(ひと)

大切(たいせつ) = precious, dear／亲爱, 重要／귀한, 소중한／Quan trọng

クラスメイトに友達(ともだち)や家族(かぞく)などの写真(しゃしん)を見(み)せましょう。

A：この人(ひと)は誰(だれ)ですか。

☺：＿＿＿＿＿＿＿＿＿＿＿＿＿＿＿＿です。私(わたし)の＿＿＿＿＿＿＿＿＿＿＿＿＿＿＿＿＿です。

A：へえ。＿＿＿＿＿＿＿＿さんはどんな人(ひと)ですか。

☺：＿＿＿＿＿＿＿＿＿＿＿＿＿＿＿＿＿＿＿＿＿＿＿＿＿＿＿＿＿＿＿＿＿＿＿
＿＿＿＿＿＿＿＿＿＿＿＿＿＿＿＿＿＿＿＿＿＿＿＿＿＿＿＿＿＿＿＿＿＿＿＿＿

A：そうですか。

プレゼント

あなたは今(いま)までどんなプレゼントをもらいましたか。いつもらいましたか。

_____
_____
_____
_____

できる日本語
わたしの文法ノート【第2版】

初級 A1~A2

解答

第1課 はじめまして

1. ①私は佐藤です
   ②山田さんは学生です
   ③私は教師です
   ④エレナさんは会社員です
   ⑤私は28歳です
2. ①いいえ、先生じゃありません
   ②(Bさんは) 学生ですか
   ③(Bさんは) 会社員ですか
   ④はい、学生です／いいえ、学生じゃありません
3. ①私はあおぞら日本語学校の学生です
   ②私はABEの社員です
   ③鈴木さんはさくら高校の教師です
   ④山田さんはふじみ大学の学生です
4. ①私の趣味はテニスです
   ②私の趣味は料理です
   ③私の趣味は旅行と映画です
   ④私の誕生日は4月5日です
5. ①A：エレナさんの趣味は何ですか
      B：(私の趣味は) 読書です
   ②A：鈴木さんの趣味は何ですか
      B：(私の趣味は) 音楽です
   ③A：佐藤さんの趣味は何ですか
      B：(私の趣味は) 水泳とサッカーです
   ④A：山田さんの誕生日はいつですか
      B：(私の誕生日は) 1月10日です
6. ①私も会社員です
   ②あ、私も (高校の) 教師です
   ③私の趣味もテニスです
   ④私の誕生日も5月です

1. ①私は会社員じゃありません
   ②佐藤さんはふじみ大学の学生です
   ③私の趣味はスポーツと音楽／音楽とスポーツです
2. C、E、D、B、A
3. ①はじめまして。私(は)ワンです。中国から来ました。あおぞら日本語学校(の)学生です。20歳です。私(の)趣味(は)料理(と)音楽です。どうぞよろしくお願いします。
   ②A：イさん(は)会社員です(か)。
      B：はい、私(は)会社員です。
      A：そうですか。私(も)会社員です。
   ③A：カルロスさん(の)誕生日(は)いつですか。
      B：1月8日です。

[自己紹介] (解答例)

A：はじめまして。私は山田です。
   よろしくお願いします。
B：はじめまして。
   こちらこそ、よろしくお願いします。
A：あのう、お名前は？
B：イです。
A：お国はどちらですか。
B：韓国です。
A：お仕事は？
B：会社員です。
A：そうですか。
B：あのう、山田さんも会社員ですか。
A：いいえ、(私は) 会社員じゃありません。
   ふじみ大学の学生です。
B：そうですか。山田さんの趣味は何ですか。
A：テニスと映画です。
B：私の趣味も映画です。
A：わあ、同じですね。

[自己紹介]（解答例）
　はじめまして。私はエレナです。イタリアから来ました。ABEの社員です。26歳です。私の趣味は読書と音楽です。どうぞよろしくお願いします。

第2課 買い物・食事

1. ①A：靴屋は何階ですか
　　B：2階です
　②A：レストランは何階ですか
　　B：6階です
　③A：喫茶店は何階ですか
　　B：3階と5階です
2. ①こ　②そ　③あ　④こ　⑤そ
　⑥あ
3. ①A：レジはどこですか
　　B：ここです
　②A：パン屋はどこですか
　　B：そこです
　③A：エレベーターはどこですか
　　B：そこです
　④A：水はどこですか
　　B：あそこです
4. ①A：このカメラ／これはいくらですか
　　B：このカメラ／これは11,700円です
　②A：この靴／これはいくらですか
　　B：その靴／それは6,500円です
　③A：あのTシャツ／あれはいくらですか
　　B：あのTシャツ／あれは1,300円です
　④A：そのパソコン／それはいくらですか
　　B：このパソコン／これは24,800円です
5. ①ビールを2つください
　②ジュースを1つと紅茶を2つください
　③ケーキを3つとコーヒーを4つください
　④ハンバーグを2つとパンを1つとライスを1つください

1. ①あれ　②それ　③これ
　④この　⑤その　⑥これ
　⑦こちら／ここ　⑧それ　⑨あそこ
2. ①どこですか　②何階ですか
　③いくらですか　④何のジュースですか
　⑤どこのワインですか
　⑥誰のカメラですか
　⑦何ですか，何の料理ですか，何ですか
3. ①〈インフォメーションで〉
　　A：レストラン（は）どこです（か）。
　　店員：あちらです。
　　A：あ、ありがとうございます。
　②〈レストランで〉
　　店員：いらっしゃいませ。ご注文をどうぞ。
　　A：あのう、これ（は）何（の）カレーですか。
　　店員：エビと野菜（の）カレーです。
　　A：エビ？「エビ」は英語（で）何ですか。
　　店員：「shrimp」です。
　　A：そうですか。じゃ、このカレー（を）2つ（と）紅茶（を）2つ（×）ください。
　　店員：はい。

[買い物]（解答例）
A：あのう、すみません。サカイ電器は何階ですか。
店員：4階です。
A：ありがとうございます。
…………
A：エスカレーターはどこですか。
B：あそこです。
A：ありがとうございます。

………
　　A：すみません、このパソコンはいくらですか。
店員：それは46,800円です。
　　A：そうですか。
　　　　じゃ、そのパソコンはいくらですか。
店員：これは64,000円です。
　　A：そうですか。じゃ、これをください。
店員：ありがとうございます。レジはあちらです。

[喫茶店で]（解答例）
店員：いらっしゃいませ。何名様ですか。
　　A：3人です。
店員：こちらへどうぞ。
　　A：あのう、これは何のケーキですか。
店員：イチゴのケーキです。
　　A：そうですか。
　　………
　　A：すみません、注文をお願いします。
店員：はい。
　　A：カレーを1つとビールを1つとケーキを1つとコーヒーを2つください。
店員：はい、少々お待ちください。

第3課 スケジュール

1. ①ひまわりは12時から（午後）10時／22時までです、休みは木曜日です
   ②さくら病院は（午前）9時半から（午後）3時／15時までです、休みは水曜日です
   ③みどり郵便局は（午前）9時から（午後）5時／17時までです、休みは土曜日と日曜日です

2. ①お弁当を食べます
   ②花火を見ます
   ③ビールを飲みます
   ④富士山を見ます
   ⑤スキーをします

3. ①春休み、京都へ行きます
   ②冬休み、北海道へ行きます
   ③日曜日、スーパーへ行きます
   ④夏休み、国へ帰ります
   ⑤毎日、学校へ来ます

4. ①はい、帰ります　②いいえ、しません
   ③はい、します　④いいえ、行きません

5. ①北海道でスキーをします
   ②浅草でお祭りを見ます
   ③海でビールを飲みます
   ④京都で桜を見ます
   ⑤公園でバーベキューをします

6. ①毎日、コンビニへ行きます
   ②毎日、日本語を勉強します
   ③毎朝、牛乳を飲みます
   ④毎晩、本を読みます
   ⑤毎晩、テレビを見ます

7. ①8時に起きます
   ②8時半に朝ご飯を食べます
   ③9時に学校へ行きます
   ④6時から9時までアルバイトをします
   ⑤10時から11時までテレビを見ます

1. ①私は毎日、会社で働きます。
   休みは土曜日（と）日曜日です。
   日曜日、どこ（へ）（も）行きません。
   うち（で）音楽（を）聞きます。
   本（を）読みます。
   映画（や）ドラマなどを見ます。
   ②私は毎朝、7時（に）起きます。
   朝、何（も）食べません。
   紅茶（を）飲みます。

8時半（に）学校（へ）行きます。
9時（か）（ら）1時（ま）（で）学校（で）日本語（を）勉強します。

2. ①何時ですか　②何を食べますか
③何時に起きますか
④どこへ行きますか
⑤いつからいつまでですか
⑥何時から何時までですか，いつですか

[私の1日]（解答例）
　9時に学校へ行きます。／9時から1時まで日本語を勉強します。／うちへ帰ります。／うちで昼ごはんを食べます。／3時に図書館へ行きます。／3時から6時まで図書館で勉強します。

　スーパーへ行きます。／スーパーで買い物します。／7時に晩ご飯を食べます。／ご飯や肉などを食べます。

　9時から10時までテレビを見ます。／10時半から11時半までインターネットをします。／12時に寝ます。

[休みの予定]（解答例）
A：あなたの学校の［夏休み］はいつですか。
☺：私の学校の夏休みは8月1日から21日までです。
A：そうですか。［夏休み］、何をしますか。
☺：旅行をします。京都へ行きます。京都でお祭りを見ます。

第4課　私の国・町

1. ①ニューヨークはアメリカの東です
②ソウルは韓国の北です
③アユタヤはタイの真ん中です
④モスクワはロシアの西です

2. ①東京から広島まで新幹線で4時間半くらいです
②大阪から北海道まで飛行機で2時間くらいです
③東京から大阪までバスで10時間くらいです
④東京から日光まで車で2時間半くらいです
⑤横浜から東京まで電車で25分くらいです

3. ①私の町は静かです
②この神社は古いです
③この公園は緑が多いです
④このカレーは辛いです
⑤このスープは温かいです

4. ①はい、にぎやかです
②はい、（人が）多いです
③いいえ、静かじゃありません
④いいえ、寒くないです
⑤はい、新しいです
⑥いいえ、甘くないです

5. ①富士山は高い山です
②京都は有名な町です
③KSビルは新しいビルです
④これは大きい教会です
⑤私の町はにぎやかなところです

6. ①私の町に古い神社があります
②箱根に有名な温泉があります
③長崎にきれいな教会があります
④パースに大きい川があります

7. ①わかば公園は静かです。そして、緑が多いです。
②私の町は大きいです。そして、にぎやかです。
③このビルは新しいですが、きれいじゃありません。

④このスープは温かいです。そして、おいしいです。
⑤私の町は有名じゃありませんが、いいところです。
⑥高尾山は有名ですが、あまり高くないです。

8. ①私の町は4月、あまり天気がよくないです
②北海道は2月、とても雪が多いです
③このジュースは少しすっぱいです
④このコーヒーはあまり苦くないです
⑤ヤマダビルは少し古いビルです

1. ①静かな，多いです，高い，きれいな
②にぎやかな，古い，きれいです，多いです，暑くないです，いい
2. ①北海道はきれいなところです
②このケーキはあまり甘くないです
③駅から学校まで／学校から駅まで歩いてどのくらいですか
④KSビルは新しいです。そして、きれいです
⑤私の町は一年中、暖かいです
⑥私の町にとても高い山があります
3. ①お国はどちらですか，
韓国のどこですか，
ソウルは（韓国の）どこですか，
ソウルまでどのくらいですか，
ソウルはどんなところですか，
（ソウルに）何がありますか
②どうですか
4. ①私の町（は）イタリア（の）ローマです。
ローマ（は）イタリア（の）真ん中です。
東京（か）（ら）ローマ（ま）（で）飛行機（で）12時間半くらいです。
ローマ（は）にぎやかなところです。ローマ（に）大きい教会（が）あります。

古いです（が）、とてもきれいです。
②A：暑いです（ね）。
B：そうです（ね）。
A：Bさんの国は8月、暑いですか。
B：いいえ、あまり暑くないです。雨（が）多いです。
A：そうですか。
B：Aさんの国（は）どうですか。
A：私の国は8月、とても天気（が）いいです。
B：へえ。

[私の国・町]（解答例）
わたしの町はロシアのモスクワです。モスクワは大きい町です。とてもにぎやかです。モスクワに古い教会があります。とても有名です。モスクワは冬、とても寒いです。雪が多いです。夏、あまり暑くないです。モスクワはいいところです。ぜひ来てください。

第5課 休みの日

1.

行きます	行きました	行きません	行きませんでした
読みます	読みました	読みません	読みませんでした
作ります	作りました	作りません	作りませんでした
洗濯します	洗濯しました	洗濯しません	洗濯しませんでした
来ます	来ました	来ません	来ませんでした

2. ①しました，しました

②行きました，行きませんでした，
　　　作りました，見ました
　　③食べました，食べませんでした，
　　　飲みました
　　④会いました，見ました，
　　　勉強しませんでした
3.　①昨日、図書館で勉強しました。それから、
　　　スーパーで買い物をしました。
　　②先週の土曜日、日本語を勉強しました。
　　　それから、テレビを見ました。
　　③おとといい、美術館で絵を見ました。そ
　　　れから、友達と食事をしました。
　　④あさって、公園で友達とバーベキューを
　　　します。それから、サッカーをします。

4.

高いです	高かったです	高くないです	高くなかったです
暑いです	暑かったです	暑くないです	暑くなかったです
忙しいです	忙しかったです	忙しくないです	忙しくなかったです
気持ちがいいです	気持ちがよかったです	気持ちがよくないです	気持ちがよくなかったです
きれいです	きれいでした	きれいじゃありません	きれいじゃありませんでした
大変です	大変でした	大変じゃありません	大変じゃありませんでした
雨です	雨でした	雨じゃありません	雨じゃありませんでした
休みです	休みでした	休みじゃありません	休みじゃありませんでした

5.　①はい、おもしろかったです
　　②いいえ、あまりよくなかったです
　　③はい、忙しかったです
　　④はい、とてもきれいでした
　　⑤いいえ、大変じゃありませんでした
6.　(解答例)
　　①先週の金曜日、テストでした。難しかっ
　　　たです。
　　②土曜日、掃除をしました。それから、洗
濯をしました。大変でした。
　　③おとといい、温泉に入りました。それから、
　　　食事をしました。楽しかったです。
　　④昨日、うちで本を読みました。あまりお
　　　もしろくなかったです。
7.　①明日、テストですから、
　　　……今晩、うちで勉強します。
　　②今朝、10時に起きましたから、
　　　……朝ご飯を食べませんでした。
　　③昨日、風邪でしたから、
　　　……どこへも行きませんでした。
　　④私は肉が嫌いですから、
　　　……食べません。
　　⑤夏休み、日本でアルバイトをしますから、
　　　……国へ帰りません。
8.　①自転車がほしいです
　　②恋人がほしいです
　　③国の家族に会いたいです
　　④来年、北海道へ行きたいです
9.　①本を借りに
　　②食事しに／食事に
　　③スキーをしに／スキーに
　　④かばんを買いに
　　⑤日本語を勉強しに／日本語の勉強に
　　⑥家族に会いに
10.　(解答例)
　　①公園へ写真を撮りに行きます。
　　②友達の家へお酒を飲みに行きます。
　　③コンビニへお弁当を買いに行きます。
　　④京都へ桜を見に行きます。

🌱

1.　①食事しました，おいしかったです，
　　　好きです，行きます，見
　　②起きました，買いました，
　　　よくなかったです，行きませんでした
　　　見ました，おもしろくなかったです，
　　　勉強しました

③登りました，よかったです，
　　きれいでした，食べました，
　　おいしかったです，少なかったです，
　　静かでした，入りました，日曜日でした
2. ①何をしましたか／どこへ行きましたか，
　　どうでしたか
　②どこかへ行きましたか
　③買いましたか，何も，
　　どうして買いませんでしたか
　④何をしますか／どこへ行きますか
3. ①A：昨日、何をしましたか。
　　B：新宿（で）友達（に）会いました。
　　A：そうですか。何をしましたか。
　　B：ハンバーグを食べ（に）行きました。
　　　レストランは人（が）多かったです。
　　　それから、デパート（へ）行きました。
　　A：何を買いましたか。
　　B：何（も）買いませんでした。
　　　Aさんは何をしましたか。
　　A：1人（で）映画（を）見ました。と
　　　てもおもしろかったです。
　②A：日曜日、何をしましたか。
　　B：友達（と）代々木公園（へ）行きました。
　　　公園（で）写真（を）撮りました。
　　A：へえ、そうですか。マルコさんは写
　　　真（が）好きですか。
　　B：はい。今度の休みに、お台場（へ）
　　　写真を撮り（に）行きたいです。

[週末の話]（解答例）
　国の友達とお台場へ行きました。お台場で海を見ました。天気がよかったですから、景色はとてもきれいでした。私と友達は写真を撮りました。それから、レストランで食事をしました。レストランは人が多かったです。友達はおすしが好きですから、おすしを食べました。おすしはおいしかったです。夜、電車で帰りました。夜の景色もきれいでした。また、行きたいです。

[今度の休みに]（解答例）
　私は冬休みに、北海道へ行きたいです。私はカニが好きですから、カニを食べに行きたいです。スキーもしたいです。

第⑥課　一緒に！

1. ①A：土曜日、一緒にお酒を飲みませんか。
　　B：すみません、土曜日はちょっと……。
　　　アルバイトがありますから。
　②A：一緒に帰りませんか。
　　B：いいですね。帰りましょう。
　③A：明日、一緒にサッカーをしませんか。
　　B：いいですね。しましょう。
　④A：週末、一緒にドライブをしませんか
　　　／ドライブに行きませんか。
　　B：すみません、週末はちょっと……。
　　　用事がありますから。
　⑤A：今晩、一緒にカラオケに行きません
　　　か。
　　B：すみません、今晩はちょっと……。
　　　明日、テストがありますから。
2. ①日曜日、お台場で花火があります
　②10日から13日までニコニコショッピ
　　ングビルでセールがあります
　③土曜日、東京でサッカーの試合があり
　　ます
3. ①A：コンサートのチケットが2枚あり
　　　ます。一緒に聞きに行きませんか。
　　B：いいですね。行きましょう。
　②A：クーポンがあります。
　　　一緒に食べに行きませんか。

7

B：いいですね。行きましょう／食べに行きましょう。
　③A：今度の週末、一緒に海へ行きませんか。
　　　B：すみません、海はちょっと……。水着がありませんから。
4. ①電器屋でサカイ電器がいちばん安いです
　②日本のお寺で法隆寺がいちばん古いです
　③（解答例）
　　スポーツでサッカーがいちばんおもしろいです
　④（解答例）
　　果物でリンゴがいちばんおいしいです
　⑤（解答例）
　　季節で秋がいちばん好きです
5. ①A：ハッピースーパーとABスーパーとどちらが安いですか
　　　B：ハッピースーパーのほうが安いです
　②A：バスと地下鉄とどちらが早いですか
　　　B：地下鉄のほうが早いです
　③A：ニコニコ映画館とふじ映画館とどちらが広いですか
　　　B：ニコニコ映画館のほうが広いです
　④A：海と山とどちらが好きですか
　　　B：どちらも好きです
6. ①このスマートフォンはパソコンより高いです
　②私の町は東京よりにぎやかです
　③昨日は今日より寒かったです
　④先週は今週より暇でした
7. ①はい、(もう) 見ました
　②いいえ、まだです
　③はい、(もう) 掃除しました
　④いいえ、まだです

1. 行きましたか, 行きませんか, 行きましょう, 食べませんか, 食べたい

2. ①何がいちばん好きですか
　②いつ／何月がいちばん寒いですか
　③どこがいちばんいいですか
　④誰がいちばん好きですか
　⑤どちらが広いですか
　⑥渋谷はどうですか
3. ①A：ワンさん、映画（の）チケット（が）2枚（×）あります。
　　　あさって（×）、一緒に見（に）行きませんか。
　　　B：いいですね。行きましょう。アンナさんは？
　　　C：あさってですか。すみません。あさって（は）ちょっと……。約束（が）あります（か）（ら）。
　②A：マルコさんはスポーツ（で）何（が）いちばん好きですか。
　　　B：サッカー（が）いちばん好きです。
　　　A：そうですか。来月の15日、横浜（で）サッカーの試合（が）あります（よ）。一緒に行きませんか。
　　　B：いいですね。何時（に）会いますか。
　　　A：5時（は）どうですか。
　　　B：5時です（ね）。わかりました。
　　　A：じゃ、5時（に）新宿駅（で）会いましょう。
　③A：一緒に昼ご飯を食べませんか。
　　　B：いいですね。オレンジ（と）ひまわり（と）どちら（が）いいですか。
　　　A：オレンジ（の）ほう（が）いいです。オレンジはひまわり（よ）（り）おいしいですから。

[週末の約束]（解答例）
A：もうほしの美術館へ行きましたか。
B：いいえ、まだです。
A：美術館のチケットが2枚あります。

一緒に行きませんか。
B：わあ、いいですね。行きましょう。
A：いつ行きますか。
B：あさってはどうですか。
A：ああ、あさってはちょっと……。
　　アルバイトがありますから。
B：そうですか。
A：私は週末、行きたいです。
B：いいですね。
A：土曜日と日曜日とどちらがいいですか。
B：そうですねえ、私は土曜日がいいです。
A：わかりました。
B：電車とバスとどちらが早いですか。
A：バスのほうが早いですから、バスで行きませんか。
B：いいですね。そうしましょう。
　　何時に会いますか。
A：10時はどうですか。
B：10時ですね。
A：ええ。
B：楽しみです。
A：じゃ、また。

第7課 友達の家で

1. （解答例）
   ①トイレは2階にあります
   ②私は自動販売機の前にいます
   ③私は本屋の中にいます
   ④山田さんは交番の横にいます
   ⑤コンビニは花屋と銀行の間にあります
   ⑥喫茶店は郵便局の後ろにあります
2. ①喫茶店の前に犬がいます
   ②時計の下にエレナさんがいます
   ③郵便局の前にポストがあります
   ④銀行の隣に交番があります
   ⑤改札の外に山田さんがいます
   ⑥（解答例）家の近くに図書館があります
3.

1グループ			
買います	買って	遊びます	遊んで
手伝います	手伝って	書きます	書いて
吸います	吸って	置きます	置いて
持ちます	持って	行きます	行って
作ります	作って	持って行きます	持って行って
切ります	切って	泳ぎます	泳いで
飲みます	飲んで	話します	話して
読みます	読んで	貸します	貸して
2グループ			
食べます	食べて	教えます	教えて
開けます	開けて	起きます	起きて
3グループ			
来ます	来て	勉強します	勉強して
持って来ます	持って来て		

4. ①開けてください　②書いてください
   ③来てください
   ④持って行ってください
   ⑤出してください　⑥貸してください
   ⑦作ってください
5. （解答例）
   ①ペンで　②はしで
   ③インターネットで　④自転車で
6. ①このカメラの使い方を教えてください
   ②チケットの買い方を教えてください
   ③野菜の切り方がわかりません
   ④漢字の読み方がわかりません
7. ①弾いています　②読んでいます
   ③かけています　④勉強しています
   ⑤歌っています　⑥吸っています
   ⑦していますか
8. （解答例）
   ①手伝いましょうか

9

②写真を撮りましょうか
③冷蔵庫に入れましょうか
④いすを持って来ましょうか，2つ持って来てください

1. ①聞いています　②入れましょうか
   ③使い方　④持ちましょうか
   ⑤持って来てください
2. ①あります　②います　③あります
   ④あります　⑤います
3. ①どれ，あの　②その，どの，それ
   ③どれ，これ
4. ①どこにいますか
   ②Aさんのスマホはどれですか
   ③誰が（このケーキを）作りましたか
   ④どのフォークですか
5. ①〈電話で〉
   A：もしもし、ワンさん？　今、どこ（に）いますか。
   B：公園（の）前（に）います。近く（に）スーパー（が）あります。
   A：わかりました。迎え（に）行きます。
   ②〈パーティーの準備〉
   A：メアリーさん、このナイフ（で）パン（を）切ってください。
   それから、お皿（に）パン（を）置いてください。
   B：はい。
   A：カルロスさん、冷蔵庫（に）このケーキ（を）入れてください。
   それから、冷蔵庫（か）（ら）ビール（を）出してください。
   A：パクさん？　あれ？　パクさんは？
   B：パクさんは隣の部屋（で）メアリーさん（と）話していますよ。
   ③A：このケーキ、おいしいです（ね）。誰（が）作りましたか。
   B：ワンさん（が）作りました。
   ④A：マルコさんの電話番号（が）わかりません。教えてください。
   B：私（も）わかりませんから、ダニエルさん（に）聞いてください。

[公園で]（解答例）
①A：この野菜をあのテーブルへ持って行ってください。
B：はい。もうこの野菜を洗いましたか。
A：はい、洗いました。
B：じゃ、切りましょうか。
A：お願いします。
②A：佐藤さんはどこですか。
B：あそこで電話をかけていますよ。
A：あ、佐藤さーん、一緒にお肉を食べませんか。おいしいですよ。
C：はーい。今、行きます。
③A：すみません、私のかばんを取ってください。
B：これですか。
A：はい、そうです。
B：どうぞ。
A：ありがとうございます。
④A：あ、この花、きれいですね。一緒に写真を撮りませんか。
B：いいですね。
C：（私が）写真を撮りましょうか。
B：あ、すみません、お願いします。
C：はい、チーズ。
A・B：ありがとうございました。
⑤A：もしもし、チンさん？　今、どこにいますか。
B：コンビニにいます。
A：え？　コンビニ？　近くに何がありますか。
B：郵便局があります。
A：あ、わかりました。じゃ、そこへ迎えに

行きましょうか。

B：ありがとうございます。お願いします。

第8課 大切な人

1. ①はい、姉が1人います
   ②はい、兄が1人と弟が1人います
   ③いいえ、いません
   ④はい、犬が2匹と猫が1匹います
2. ①父は高校で音楽を教えています
   ②母は病院で働いています
   ③夫は銀行で働いています
   ④弟は大学で絵を勉強しています
3. ①母は背が高いです
   ②姉は髪が長いです
   ③タローは足が短いです
   ④うちのウサギは毛が黒いです
4. ①うちの犬は毛が短くて、目が大きいです
   ②カルロスさんは頭がよくて、まじめです
   ③ダニエルさんの奥さんは優しくて、料理が上手です
   ④マルコさんはサッカーが上手で、元気な人です
   ⑤木村さんのご主人は親切で、おもしろい人です
   ⑥私の妹は17歳で、高校生です
   ⑦私の町は緑が多くて、いいところです
   ⑧にぎやかで、楽しかったです
5. （解答例）
   ①鈴木さんはエレナさんに本をあげます
   ②私は高橋さんに靴下をもらいました
   ③私は父に時計をあげます
   ④佐藤さんが私にチケットをくれました
   ⑤イさんは山田さんに料理を教えました
   ⑥私は大学の先生にメールを送ります

   ⑦明日、私は母に誕生日カードを送ります
   ⑧私は友達にお金を借りました

1. ①住んでいます、おもしろくて、働いています
   ②黒くて、大きくて
   ③まじめで、上手で、よくて
2. ①どこに住んでいますか
   ②誰と住んでいますか
   ③どんな人ですか
   ④どの人ですか
   ⑤何をもらいましたか
3. ①私は3月に日本（へ）来ました。今、新宿（に）住んでいます。ルームメイト（と）2人（で）住んでいます。日本人の友達が1人（×）います。毎日、楽しいです。
   ②私は姉（と）弟（が）います。私の姉は高校（で）音楽（を）教えています。弟は大学で絵（の）勉強をしています。
   ③アンナさんは料理（が）上手です。来週、アンナさんの誕生日ですから、アンナさん（に）きれいなお皿（を）あげたいです。

[住んでいるところ]（解答例）
　私は小山に住んでいます。小山はここから電車で20分くらいです。駅の前に肉屋や花屋などがあります。お弁当屋もあります。お弁当屋は夜、安いです。私はここで晩ご飯を買います。100円ショップもあります。小山はにぎやかで、とてもいいところです。

[私の大切な人]（解答例）
A：この人は誰ですか。
☺：友子さんです。私の日本人の友達です。

A：へえ。友子さんはどんな人ですか。
☺：とても優しくて、おもしろい人ですよ。友子さんは銀行で働いています。私と友子さんは休みの日、一緒に旅行をします。今年の夏休み、一緒にハワイへ行きます。
A：そうですか。

[プレゼント]（解答例）
　私の誕生日に私は友達と一緒にカラオケに行きました。それから、食事をしました。レストランで友達が手紙とケーキをくれました。ケーキの上に私の顔の絵がありました。とてもうれしかったです。

第9課　好きなこと

1.

1グループ			
聞きます	聞く	遊びます	遊ぶ
弾きます	弾く	飲みます	飲む
描きます	描く	読みます	読む
泳ぎます	泳ぐ	作ります	作る
話します	話す	乗ります	乗る
貸します	貸す	歌います	歌う
持ちます	持つ	使います	使う
2グループ			
食べます	食べる	見ます	見る
集めます	集める	起きます	起きる
3グループ			
来ます	来る	運転します	運転する

2. ①私の趣味は絵を描くことです
②私の趣味はぬいぐるみを集めることです
③佐藤さんの趣味は泳ぐこととサッカーをすることです
④高橋さんの趣味はお菓子を作ることとピアノを弾くことです
⑤私の趣味は本を読むことです。特に小説が好きです／小説をよく読みます

3. ①します　②聞きます　③行きません
④見ません　⑤します

4. （解答例）
①でも、あまり上手じゃありません／でも、最近、あまりカラオケに行きません
②でも、最近、全然しません／でも、日本で友達がいませんから、あまりしません
③でも、日本語がわかりません／でも、少し難しいです
④でも、おもしろいです／でも、日本人の友達がたくさんいますから、楽しいです
⑤でも、いいところです／でも、緑が多くて、きれいです
⑥でも、天気がよくなかったです／でも、あまり楽しくなかったです

5. ①1週間に2回、家族に電話します
②1日に2時間、勉強します
③1日に3杯、コーヒーを飲みます
④1か月に4、5冊、本を読みます
⑤1年に1、2回、旅行します

6. ①話すことができます
②運転することができます
③食べることができません
④乗ることができません
⑤歌うことができます

7. ①来週の日曜日、新宿で買い物して、カラオケに行きます
②6番のバスに乗って、スーパーの前で降ります
③名前と住所を書いて、在留カードを見せます
④毎朝、8時に起きて、顔を洗って、図書館へ行きます
⑤昨日、部屋で本を読んで、SNSを見ま

した
⑥京都でお寺を見て、おいしい料理を食べて、温泉に入りました

1. 私の趣味は音楽を聞くことと ピアノを弾くことです。
特にクラシックが好きです。
私は1週間に1回、ピアノを習いに行きます。
まだ難しい曲を上手に弾くことができませんから、毎日練習します。
ピアノの練習は楽しいです。
来週、友達とコンサートに行って、食事をします。
2. 何ですか,
どんな本が好きですか／どんな本をよく読みますか,
何冊（くらい）読みますか／どのくらい読みますか,
どうやって行きますか
3. ①私（の）趣味は音楽を聞くこと（と）料理を作ることです。
②1週間（に）2、3回、レストラン（で）食事します。
③西川さんは英語を話すこと（が）できます。フランス語を話すこと（も）できます。
④私は車（の）運転（が）できます。
⑤A：どうやって井の頭公園へ行きますか。
B：新宿駅（で）電車（に）乗って、吉祥寺駅（で）降ります。
⑥日本の料理を習いたいですから、料理教室（に）参加したいです。

[私の趣味]（解答例）
私の趣味は料理を作ることです。毎晩、自分で料理を作ります。韓国料理をよく作ります。いちばん好きな料理はトッポギです。トッポギは餅の料理で、少し辛いです。作り方は簡単です。休みの日お菓子も作ります。チョコレートやケーキを作って、友達の誕生日にあげます。でも、まだ日本の料理を作ることができませんから、日本の料理を習いたいです。

[楽しい週末]（解答例）
A：週末、何をしましたか。
☺：友達とわくわくショッピングビルへ行って、靴とかばんを買いました。買い物はとても楽しかったです。
A：へえ。
☺：それから、映画を見て、レストランで食事をしました。
A：そうですか。私もわくわくショッピングビルへ行きたいです。どうやって行きますか。
☺：さくら駅から3番のバスに乗ってください。駅からバスで15分くらいですよ。
A：そうですか。ありがとうございます。

第10課 バスツアー

1. ①まだ食べていません
②まだ予約していません
③まだ読んでいません
④まだしていません
2. ①トイレへ行ってきます
②自動販売機でお茶を買ってきます
③パンフレットをもらってきます
④エレナさんを探してきます
3. ①（私の部屋から）富士山が見えます
②（ホテルの部屋から）東京タワーが見え

ます
　③（教室から）海が見えます
　④大きい橋が見えます
4. ①橋を渡ってください。KSビルは左にあります。
　②2つ目の交差点を左に曲がって、まっすぐ行ってください。駅は右にあります。
　③角を左に曲がって、3つ目の信号を右に曲がってください。図書館は右にあります。
5. ①座ってもいいですか
　②吸ってもいいですか
　③借りてもいいですか
　④閉めてもいいですか
　⑤帰ってもいいですか
6.

1グループ			
書きます	書かない	遊びます	遊ばない
置きます	置かない	飲みます	飲まない
行きます	行かない	休みます	休まない
泳ぎます	泳がない	入ります	入らない
話します	話さない	座ります	座らない
押します	押さない	使います	使わない
立ちます	立たない	吸います	吸わない
2グループ			
食べます	食べない	捨てます	捨てない
遅れます	遅れない	見ます	見ない
3グループ			
来ます	来ない	洗濯します	洗濯しない

7. ①置かないでください
　②入らないでください
　③吸わないでください
　④遅れないでください
　⑤なくさないでください
　⑥触らないでください
8. ①あっ、ウサギがえさを食べています
　②あっ、ペンギンが泳いでいます
　③あっ、イさんたちがあそこでサッカーをしています
　④あっ、山田さんがエレナさんと写真を撮っています
9. （解答例）
　①図書館で新聞を読むことができます
　②コンビニで荷物を送ることができます
　③郵便局で切手を買うことができます
　④スマートフォンで漫画を読むことができます
10. ①暖かく　②好きに　③きれいに
　④夏に　⑤おもしろく　⑥上手に

1. ①来ていません，探して
　②行って，曲がって　③吸って
　④飲みました，飲んでいません
　⑤立たないで　⑥元気に　⑦もらって
　⑧飛んで　⑨借りる　⑩歩いて
　⑪よく
2. ①バスの窓から手を出さないでください
　②写真を撮ってもいいですか
　③うちへ帰ってもいいですか
　④そこにゴミを捨てないでください，ゴミを持って帰ってください
　⑤このパソコンを使ってもいいですか，あ、すみません。あのパソコンを使ってください
3. ①A：もしもし、パクさん？
　B：…………。
　A：もしもし、聞こえますか。
　B：あ、ワンさん。大丈夫ですか。
　A：あ、パクさん、バス停はどこですか。行き方を教えてください。
　B：そこ（か）（ら）何（が）見えますか。
　A：大きい川（が）見えます。
　B：じゃ、橋（を）渡って、2つ目（の）交差点（を）右（に）曲がってください。

A：はい。
②A：マリヤムさん、一緒にお弁当を食べませんか。
B：ええ。あ、自動販売機（で）お茶（を）買ってきます。
A：はい。
C：あのう、すみません。ここ（に）座ってもいいですか。
A：どうぞ。
③A：のど（が）かわきました。
B：あそこ（で）ジュースを飲むこと（が）できますよ。
④A：あっ、パンダ（が）えさ（を）食べていますよ！
B：本当だ。かわいいですね。

スタッフ：あっ、すみません。触らないでください。
B：すみません。
⑤A：おなかがすきましたね。
B：そうですね。もうすぐ1時になりますね。
A：あそこでお弁当を食べませんか。
スタッフ：すみません、ここでお弁当を食べないでください。
A：あ、すみません。
スタッフ：お弁当はあそこで食べてください。
A：わかりました。ありがとうございます。

第11課　私の生活

[みんなで公園へ]（解答例）
①A：もしもしBさん、Aです。集合場所がわかりません。どうやって行きますか。
B：そこから何が見えますか。
A：大きい橋が見えます。
B：そこからまっすぐ行って、2つ目の信号を右に曲がってください。
A：わかりました。ありがとうございます。
②A：もうお弁当を買いましたか。
B：まだ買っていません。
A：あそこのお店で買うことができますよ。
B：ちょっと買ってきます。
③A：あのう、すみません。このパンフレットをもらってもいいですか。
スタッフ：はい、どうぞ。
B：あ、見てください。ここでボートに乗ることができますよ。
A：わあ、乗りたいです。行きましょう。
④A：あ、リスがえさを食べていますよ。
B：かわいいですね。

1. ①作文は好きですが、会話は好きじゃありません
②ご飯は食べませんが、パンは食べます
③英語は話すことができますが、フランス語は話すことができません
④北海道ではよく雪が降りますが、東京ではあまり降りません
⑤西川さんには会いましたが、木村さんには会いませんでした
⑥横浜へはもう行きましたが、鎌倉へはまだ行っていません
⑦父とは電話で話しませんが、母とは電話で話します
⑧初めは日本語の勉強は難しかったですが、今はおもしろいです
2. ①読んでいます　②通っています
③見ています　④泳いでいます
⑤書いています　⑥しています

3.

1グループ			
買います	買った	読みます	読んだ
会います	会った	遊びます	遊んだ
持ちます	持った	弾きます	弾いた
立ちます	立った	聞きます	聞いた
撮ります	撮った	行きます	行った
乗ります	乗った	泳ぎます	泳いだ
作ります	作った	話します	話した
飲みます	飲んだ	出します	出した
2グループ			
食べます	食べた	教えます	教えた
寝ます	寝た	見ます	見た
3グループ			
来ます	来た	します	した
		勉強します	勉強した

4. ①週末、ジョギングをしたり、うちで映画を見たりします
②夏休み、海で泳いだり、バーベキューをしたりしました
③毎晩、漢字を勉強したり、宿題をしたりしています
④今日はパーティーですから、たくさん飲んだり、食べたりしてください
⑤冬休み、北海道でスキーをしたり、温泉に入ったりしたいです

5. ①食べる ②飲む ③暑い
④帰った ⑤疲れた ⑥休む
⑦わからない ⑧忘れた
⑨（解答例）
暇な、テレビを見ます
⑩（解答例）
できない、温かい牛乳を飲みます

6. ①小学生のとき、初めて日本の漫画を読みました
②高校を卒業したとき、祖父に時計をもらいました
③22歳のとき、イギリスへ行きました
④日本へ来るとき、恋人と別れました
⑤日本へ来たとき、初めて桜を見ました

7.

聞く	聞かない	聞いた	聞かなかった
買う	買わない	買った	買わなかった
読む	読まない	読んだ	読まなかった
ある	ない	あった	なかった
食べる	食べない	食べた	食べなかった
寝る	寝ない	寝た	寝なかった
勉強する	勉強しない	勉強した	勉強しなかった
来る	来ない	来た	来なかった
忙しい	忙しくない	忙しかった	忙しくなかった
楽しい	楽しくない	楽しかった	楽しくなかった
いい	よくない	よかった	よくなかった
好き（だ）	好きじゃない	好きだった	好きじゃなかった
簡単（だ）	簡単じゃない	簡単だった	簡単じゃなかった
雨（だ）	雨じゃない	雨だった	雨じゃなかった
休み（だ）	休みじゃない	休みだった	休みじゃなかった

8. ①毎日、コーヒーを飲む
②あまり料理を作らない
③昨日、1人で公園を散歩した
④今朝、何も食べなかった
⑤日本のケーキはおいしい
⑥この雑誌はおもしろくない
⑦今朝はとても忙しかった
⑧昨日はあまり寒くなかった
⑨スポーツが好き（だ）
⑩私は絵が上手じゃない
⑪お祭りはにぎやかだった
⑫テストは簡単じゃなかった
⑬明日は引っ越し（だ）

9. ①A：よくカラオケに行く
　B：うん、行く
②A：昨日、テレビ（を）見た

B：ううん、見なかった
③A：音楽（が）好き
　　B：うん、好き
④A：アルバイトは忙しい
　　B：ううん、忙しくない
⑤A：明日、仕事
　　B：うん、仕事
10.①今日、一緒に昼ご飯を食べない
②夏休み、旅行に行きたい
③ここに座って
④まだスキーツアーに申し込んでいない
⑤今、何をしている
⑥窓を開けてもいい
⑦大きい声で話さないで
⑧ここで写真を撮ることができる
⑨明日、休みだから、買い物に行く
⑩このレストランはおいしいけど、駅から遠い

1. ①行く，買いました，入った，わかりませんでした
② 暇な，雨の，読んだ，見た，忙しい，働きます／働いています，疲れた
2. ①何をしていますか
② 何をした，どうだった
③ いつサッカーを始めましたか
④ どうしますか／何かしますか／何をしますか
3. ①A：いつ日本語（の）勉強（を）始めましたか。
　　B：大学生（の）とき、始めました。高校生（の）とき、初めて日本の漫画を読みました。漫画はおもしろかったです（か）（ら）、日本語を勉強したくなりました。それで、大学生になって、日本語（の）勉強（を）始めました。
②A：エレナさん、もう日本の生活（に）慣れましたか。
　　B：はい、もう慣れました。
　　A：休み（の）日、何をしていますか。
　　B：たいてい（×）図書館（で）勉強しています。
③高校（を）卒業したとき、先生（に）辞書をもらいました。
④大学（に）入学するとき、新しい時計を買いました。
⑤A：エレナさんはコーヒー（を）よく飲みますか。
　　B：そうですねえ。紅茶（は）よく飲みます（が）、コーヒー（は）あまり飲みません。

[日本の生活]（解答例）
A：日本の生活はどう？
☺：初めは大変だったけど、今は楽しくなった。
A：そう。休みの日、よく何をしている？
☺：部屋で音楽を聞いたり、友達と買い物に行ったりしている。
A：そっか。日本語の勉強は大変？
☺：うーん。少し大変。でも、最近、おもしろくなったよ。
A：へえ。一人暮らしは寂しい？
☺：初めは寂しかったけど、今はもう慣れたから寂しくなくなった。

[私の思い出]（解答例）
　中学生のとき、私は日本の学生と英語でペンパルをしました。私より4歳年上でした。とても親切で優しい人でした。名前は中村ゆり子さんです。中村さんは私にいろいろなプレゼントをくれました。日本のハンカチやか

わいい人形などをもらいました。私も手紙を書いて、ゆり子さんに小さい絵を送りました。今、私は日本にいますから、ゆり子さんに会いたいです。

第12課 病気・けが

1. ①風邪をひいたんです
   ②おなかが痛いんです
   ③熱があるんです
   ④食欲がないんです
   ⑤やけどをしたんです
2. ①寝たほうがいいです
   ②休んだほうがいいです
   ③出さないほうがいいです
   ④食べないほうがいいです
   ⑤運動したほうがいいです
   ⑥飲まないほうがいいです
   ⑦塗ったほうがいいです
   ⑧話したほうがいいです
   ⑨持って行ったほうがいいです
   ⑩作ったほうがいいでです
3. ①手を洗ってから、ご飯を食べます
   ②歯を磨いてから、寝ます
   ③靴を脱いでから、部屋に入ります
   ④銀行へ行ってから、買い物に行きます
   ⑤宿題が終わってから、遊びに行きます
   ⑥昨日、すしを食べてから、おなかが痛くなりました
4. ①お風呂に入る前に　②走る前に
   ③旅行に行く前に　④晩ご飯の前に
   ⑤食事の前に　⑥仕事の前に
   ⑦2日前に　⑧3時間前に
   ⑨1年前に

1. 〈学校で〉
   来る前に、休んだほうがいいです

   〈次の日、病院で〉
   痛いんです，あるんです，帰ってから，脱いでから
2. (解答例)
   ①6時間は少し多いですね。目が悪くなりますから、ゲームはあまりしないほうがいいですよ。睡眠は大切ですから、よく寝てください。そして、1週間に1回くらい外に出て、運動したほうがいいですよ。
   ②リンゴだけ食べますか。それはあまりよくないですね。いろいろな物を食べたほうがいいですよ。肉や魚などは少しだけ食べて、野菜をたくさん食べてください。そして、水をたくさん飲んでください。
   ③いろいろな日本人と話したほうがいいですよ。アルバイトをしていますか。アルバイトは日本人と話すことができますから、いいですよ。そして、大学や町のイベントに参加してください。日本人の友達を作ることができますよ。
   ④夏休みはたくさんの人が旅行に行きますから、早く予約したほうがいいですよ。沖縄はとてもいいところですよ。海がとてもきれいで、おいしい物がたくさんあります。京都もいいですよ。日本の古い町を見ることができます。
3. ①A：どうしたんですか。
   B：のど（が）痛いんです。
   A：大丈夫ですか。
   のどが痛い（×）とき、あまり声（を）出さないほうがいいですよ。
   B：そうですね。
   A：今日、病院へ行きますか。

B：はい、アルバイト（の）前に行きます。
A：そうですか。お大事に。
②A：どうしましたか。
B：けが（を）しました。
A：ちょっと見せてください。
ああ、大丈夫ですよ。薬ですぐ治ります。
薬局（で）薬（を）もらってください。
B：はい。
③A：Bさんは何（か）体（に）いいことをしていますか。
B：毎日野菜ジュースを飲んでいます。
野菜（は）体（に）いいですから。
④風邪（を）ひいたとき、ゆっくり休んだほうがいいです。

[学校で]（解答例）
A：イさん、どうしたんですか。
B：頭とのどが痛いんです。
A：それはいけませんね／よくないですね／大変ですね。もう病院へ行きましたか。
B：いいえ、まだ行っていません。
A：じゃ、早く行ったほうがいいですよ。
B：そうですね。
授業が終わってから、行きます。
A：お大事に。

[病院で]
医者：どうしましたか。
B：のどが痛いんです。
医者：上着を脱いで、こちらに座ってください。
B：はい。
医者：頭も痛いですか。
B：はい。痛いです。
医者：そうですか。頭はいつから痛くなりましたか。

B：3日前から痛くなりました。
医者：そうですか。
ちょっと口を開けてください。
ああ、風邪ですね。
B：そうですか。
医者：薬を出しますから、1週間、飲んでください。お大事に。
B：はい、わかりました。ありがとうございました。
　　　　　…………
薬剤師：1日に3回薬を飲んでください。ご飯を食べる前に飲んでください。
B：はい、わかりました。

第13課　私のおすすめ

1. ①したことがあります
   ②食べたことがあります
   ③会ったことがあります
   ④行ったことがありません
   ⑤入ったことがあります
   ⑥読んだことがありますか、
   　（読んだことが）ありません
2. ①A：安いスーパーを知っていますか
   　B：はい、知っています
   ②A：紅葉がきれいなところを知っていますか
   　B：いいえ、知りません
   ③A：山田さんの電話番号を知っていますか
   　B：いいえ、知りません
   ④A：カレーの作り方を知っていますか
   　B：はい、知っています
3-1. ①恋人にもらった
　　②かわいい服を売っている

③イギリスで撮った
④私がときどき友達と食事に行く

3-2. ①飲み会をする　②富士山が見える
③旅行に持っていく

3-3. ①昨日、見た　②お金を払っていない
③姉が働いている

4. ①ここはバスケットボールをすることができる公園です
②京都で泊まったホテルはよかったです
③私は明日恋人と行くレストランを予約しました
④パクさんがかぶっている帽子はかわいいですね
⑤先週お寺で撮った写真を見せてください
⑥私は広い台所がある家に住みたいです
⑦これは私が買い物のとき使うアプリです

5. ①私は今度旅行に行くところを探しています
②先週、駅の前にあるレストランで食事しました
③あそこでたばこを吸っている男の人はダニエルさんです
④山口さんにあげるプレゼントを買いに行きませんか
⑤パクさんがパーティーのとき、よく作る料理は何ですか

6. ①あの白いシャツを着ている人は山田さんです
②あの黒いズボンをはいている人は鈴木さんです
③イさんは髪が短くて、眼鏡をかけている人です
④エレナさんが持っているかばんはかわいいですね
⑤佐藤さんがしている時計は素敵ですね

1. (解答例)

①A：ふじまるランドへ行ったことがありますか。
B：はい、あります。
A：どうでしたか。
B：人が多かったですが、とても楽しかったですよ。

②A：いい居酒屋を知っていますか。
B：はい、知っています。うめやという居酒屋は料理がおいしいですよ。

③A：おいしいパンを売っている店はどこですか。
B：クプクプです。駅の前にあります／駅の前です／駅の近くにありますよ。

④A：高橋さんはどの人ですか。
B：あの人です。長いスカートをはいている人です。

2. ①A：温泉（に）入ったこと（が）ありますか。
B：いいえ、1回（も）ありません。
②私は相撲が大好きです。何回（も）相撲を見たことがあります。
③スマイルは女の人（に）人気（が）ある歌手です。
④今度、さくらホテル（に）泊まります。
⑤お菓子の材料（を）売っている店（を）知っていますか。
⑥〈2人は雑誌を見ています〉
A：わあ、このレストラン、素敵ですね。
B：ええ。ここ（は）若い人（が）よく行くレストランです。とてもおいしいですよ。

［私のおすすめ］（解答例）
①A：今度の休みに、家族が日本へ来ますから、

旅行に行きたいです。どこがいいですか。
☺：鎌倉がいいですよ。
A：どんなところですか。
☺：東京から電車で1時間くらいで、古いお寺があるところです。静かでいいところですよ。

②A：○○さんがよく使うアプリは何ですか。
☺：○○というアプリです。英語を勉強するアプリですよ。
A：へえ。
☺：このアプリで言葉をたくさん覚えることができますよ。英語を読んだり聞いたりする練習もできます。

③ドールというパン屋を知っていますか。ドールはさくら駅の近くにあるパン屋です。おいしいパンがたくさんあります。私がよく買うパンはミックスサンドイッチとリンゴパンです。パンを買って、店で食べることもできます。昼はパン2つとコーヒー2杯で500円です。ぜひ、行ってください。

第14課 国・町の習慣

1. ①ここにコップを置くと、お茶が出ます
   ②近くへ行くと、電気がつきます
   ③このレバーを回すと、お釣りが出ます
   ④ここに手をかざすと、水が出ます
   ⑤お酒を飲むと、顔が赤くなります
   ⑥このボタンを押すと、音が大きくなります
   ⑦この音楽を聞くと、元気になります
2. ①川で泳いではいけませんよ
   ②自転車に乗ってはいけませんよ
   ③公園で猫にえさをやってはいけませんよ
   ④その部屋に入ってはいけませんよ
   ⑤美術館で写真を撮ってはいけませんよ
   ⑥教室でたばこを吸ってはいけませんよ
   ⑦ここでボールで遊んではいけませんよ
   ⑧テストのとき、辞書を見てはいけません
3. ①脱がなければなりません
   ②着なければなりません
   ③持って帰らなければなりません
   ④並ばなければなりません
   ⑤使わなければなりません
   ⑥消さなければなりません
4. ①書かなくてもいいです
   ②払わなくてもいいです
   ③脱がなくてもいいです
   ④持って行かなくてもいいです
   ⑤着なくてもいいです
5. ①持って行か，
      持って行かなければなりません
   ②予約し，予約しなくてもいいです
   ③見せ，見せなければなりません
   ④申し込ま，申し込まなくてもいいです
6. ①降ると思います
   ②なると思います
   ③よくないと思います
   ④複雑だと思います
   ⑤大切だと思います
   ⑥便利だと思います
   ⑦簡単じゃないと思います
   ⑧したほうがいいと思います
7. (解答例)
   ①おもしろいと思います
   ②いい経験になると思います
   ③高校生はアルバイトをしないほうがいいと思います
   ④便利ですが、長い時間使うと目が悪くなりますから、よくないと思います
   ⑤田舎は空気がきれいです，
      田舎の生活のほうがいいと思います

1. ①置いてはいけません
   ②飲んでもいいです
   ③運転してはいけません
   ④払わなくてもいいです
   ⑤持って行かなければなりません

2. しなければなりません,
   参加しなくてもいいです,
   作らなければなりません,
   作ってはいけません,
   書かなければなりません,
   変だと思いました

3. ①このレバー（を）回すと、お釣り（が）出ます。
   ②バイク（に）乗るとき、ヘルメット（を）かぶらなければなりません。
   ③ここ（で）学生証（を）見せてください。
   ④駅（の）前（に）自転車（を）止めてはいけません。
   ⑤ポケット（に）お金（を）入れました。
   ⑥「I'm hungry」は日本語（で）「おなかがすきました」（と）言います。

[友達と出かけて]（解答例）
①A：あ、Bさん、ここに自転車を止めてはいけませんよ。
　B：えっ？ じゃ、どこに止めますか。
　A：あそこに駐輪場がありますから、あそこに止めることができますよ。
②A：電車の中で電話をしてはいけませんよ。
　B：あ、すみません。知りませんでした。
③A：あ、Bさん、ここに並ばなければなりませんよ。
　B：あ、そうなんですか。
④A：あれ？ 水が出ません。
　B：ここに手をかざすと水が出ます。

　A：ありがとう。

[日本の習慣やルール]（解答例）
　私の国ではタクシーのドアを自分で開けますが、日本ではドアが自動です。知りませんでしたから、初めて日本でタクシーに乗ったとき、とてもびっくりしました。初めは変だと思いました。でも、重い荷物を持った人や赤ちゃんと一緒に乗る人、おじいさんやおばあさんにとても便利だと思います。

第15課 イベント情報・ニュースから

1. ①降るそうです　②帰らないそうです
   ③おもしろくないそうです
   ④楽しかったそうです
   ⑤無料だそうです
   ⑥結婚式だったそうです
   ⑦死んだそうです
   ⑧止めてはいけないそうです
   ⑨持って帰らなければならないそうです
   ⑩払わなくてもいいそうです

2. ①地震で家が壊れました
   ②台風で木が倒れました
   ③事故でけがをしました
   ④雨で野球の試合が中止になりました
   ⑤病気で山本さんが亡くなりました

3.

食べます	食べたら	食べなかったら	食べても	食べなくても
急ぎます	急いだら	急がなかったら	急いでも	急がなくても
やみます	やんだら	やまなかったら	やんでも	やまなくても
あります	あったら	なかったら	あっても	なくても

晴れます	晴れたら	晴れなかったら	晴れても	晴れなくても
います	いたら	いなかったら	いても	いなくても
予約します	予約したら	予約しなかったら	予約しても	予約しなくても
来ます	来たら	来なかったら	来ても	来なくても
暑いです	暑かったら	暑くなかったら	暑くても	暑くなくても
いいです	よかったら	よくなかったら	よくても	よくなくても
暇です	暇だったら	暇じゃなかったら	暇でも	暇じゃなくても
休みです	休みだったら	休みじゃなかったら	休みでも	休みじゃなくても

4. ①晴れたら　②強かったら
   ③予約しなくても　④なかったら
   ⑤寒くなかったら　⑥多くても
   ⑦あったら　⑧行っても
   ⑨大変でも　⑩簡単じゃなかったら

5. （解答例）
   ①京都や大阪を旅行したいです
   ②一緒に海へ泳ぎに行きませんか
   ③交番へ行って、聞きます
   ④サッカーの試合があります
   ⑤新しいタブレットを買いたいです

6. ①山田さんはパーティーに来ないと思います
   ②月曜日、美術館は休みだと思います
   ③佐藤さんのチームは勝つと思います
   ④明日のテストは難しいと思います
   ⑤北海道はあまり暑くないと思います

7. ①割れています　②混んでいます
   ③並んでいます　④開いています
   ⑤ついています　⑥すいています
   ⑦落ちています　⑧汚れています
   ⑨倒れています

1. ①壊れています
   ②勝ったそうです，多いと思います，多くても
   ③あるそうです，よかったら，来るそうです，来ても，来たら，ないと思います

2. ①近く（に）新しいスーパー（が）できました。
   ②事故（で）人が亡くなったそうです。
   ③昨日の試合で日本はブラジル（に）負けました。
   ④約束の時間（に）間に合わない（と）思います。
   ⑤あ、レストラン（が）閉まっています。

［寮で］（解答例）
①A：新しい遊園地ができたそうですよ。
　B：へえ。
　A：3人以上で行ったら安くなるそうです。
　B：そうですか。じゃ、○○さんと一緒に3人で行きませんか。
　B：いいですね。そうしましょう。
②A：エレナさんがけがで入院したそうですよ。
　B：えっ？　それは心配ですね。
　A：はい。10日くらい入院するそうです。
　B：じゃ、花と果物を買って、病院へ行きましょう。
③A：あ、コップが割れています。
　B：本当だ。じゃ、今度新しいコップを買いに行きませんか。
　A：いいですね。どこかおすすめのお店を知りませんか。
　B：○○はどうですか。
　A：いいですね。

④A：Bさんは京都へ行ったことがありますか。
B：いいえ、ありません。でも、行きたいです。
A：今度の休みに一緒に京都へ行きませんか。
B：いいですね。京都は今、紅葉がきれいだと思います。

[最近のニュース]（解答例）
☺：昨日、ニュースを見ましたか。
A：いいえ、何かありましたか。
☺：北海道で電車の大きい事故があったそうです。
A：へえ。
☺：でも、亡くなった人は誰もいなかったそうです。

⑪いつ ⑫何 ⑬何 ⑭どこ

【第4課】
①は, の ②から, まで, で ③に, が
④が ⑤ね ⑥×
⑦きれいじゃありません
⑧新しくないです ⑨緑が多い
⑩にぎやかな ⑪暖かいです
⑫有名じゃありません ⑬そして ⑭が
⑮どうですか

【第5課】
①と ②へ, に ③が ④が
⑤から ⑥1人で ⑦しました
⑧食べませんでした ⑨暑かったです
⑩よかったです ⑪きれいでした
⑫大変じゃありませんでした ⑬休みでした
⑭北海道へ旅行に行きたいです
⑮どうでしたか ⑯どこかへ ⑰どうして
⑱渋谷で食事をします

ポイントチェック

【第1課】
①は ②は, の ③の, は ④と, も
⑤学生です ⑥学生じゃありません
⑦カルロスさんは会社員ですか。
⑧アメリカです ⑨お名前は？

【第2課】
①で ②の ③を, × ④そこ
⑤その, これ ⑥この, それ, これ
⑦これ, これ ⑧どこ ⑨何 ⑩どこ
⑪誰 ⑫何

【第3課】
①から, まで ②へ, で ③を
④に, に ⑤× ⑥も, や
⑦帰ります ⑧旅行をしません
⑨パンを食べます ⑩行きません

【第6課】
①が ②で, が ③が, × ④で, が
⑤と, と, の, が ⑥よ ⑦ね ⑧より
⑨食べませんか, 食べましょう,
　ラーメンはどうですか
⑩見ましたか
⑪すみません、ちょっと……

【第7課】
①が ②は, に ③の ④で ⑤の
⑥が, が ⑦あります ⑧います
⑨きって ⑩あけて ⑪使い
⑫どの, それ ⑬まだ, もう
⑭洗ってください ⑮手伝いましょうか
⑯話しています

【第8課】
① に ② と，で ③ に ④ が ⑤ が
⑥ 背が高くて ⑦ まじめで ⑧ きれいで
⑨ 頭がよくて ⑩ 26歳で ⑪ います
⑫ 働いています ⑬ あげます
⑭ くれました ⑮ もらいました
⑯ 借りました

【第9課】
① が ② × ③ に，× ④ 読む
⑤ 集める ⑥ 話す ⑦ することです
⑧ 泳ぐこと ⑨ 運転 ⑩ 電話します
⑪ 見ません ⑫ いつも ⑬ あまり
⑭ でも ⑮ 特に ⑯ どうやって，予約して

【第10課】
① から，が ② を，に ③ の，が ④ が
⑤ は ⑥ に ⑦ 寒く ⑧ にぎやかに
⑨ 話さないで ⑩ もらう
⑪ 買っていません ⑫ 押さないでください
⑬ 食べてください ⑭ 行ってもいいですか
⑮ 教えてください ⑯ 迎えに行ってきます

【第11課】
① は ② では，では ③ 弾いた，歌った
④ 聞いた，見た ⑤ 暇な ⑥ ひいた
⑦ 休む ⑧ 疲れた ⑨ 中学生の
⑩ 来る ⑪ テストだ ⑫ 行く，遠い
⑬ 買いました ⑭ どうしますか

【第12課】
① × ② の，× ③ に ④ を
⑤ 風邪な ⑥ あった ⑦ 運動した
⑧ 出かけない ⑨ 寝る ⑩ して

【第13課】
① に，が，も，も ② を ③ ×
④ が ⑤ は ⑥ 行った

⑦ 見たことがあります，見ました
⑧ 知っています，知りません ⑨ という
⑩ 泊まる ⑪ 撮った ⑫ はいている

【第14課】
① が ② と ③ おもしろい ④ きれいだ
⑤ おしゃれだ ⑥ 回すと
⑦ 吸ってはいけません
⑧ 話してはいけません
⑨ しなければなりません
⑩ 脱がなくてもいいです
⑪ 私もそう思います

【第15課】
① で ② が ③ と ④ が ⑤ 休みだ
⑥ 結婚した ⑦ 間に合わない ⑧ きれいだ
⑨ できない ⑩ 降らなかったら
⑪ よかったら ⑫ 暇だったら ⑬ 高くても
⑭ あったら ⑮ 病気でも
⑯ 並んでいます ⑰ 消えて

第9課

好きなこと

- 周りの人に自分の趣味を紹介しよう。
  Tell people around you about your hobby.／和周围的人聊聊自己的兴趣爱好。／주변 사람에게 나의 취미 소개하기／Hãy giới thiệu sở thích của mình với mọi người xung quanh.

- 週末にした楽しいことについて、周りの人に話したり聞いたりしよう。
  Talk and ask about fun things you did on the weekend with people around you.／和周围的人聊聊周末喜欢做的事。／주말에 했던 재미있는 일에 관해 주변 사람에게 이야기하고, 질문하기／Hãy nói cũng như hỏi về những điều thú vị đã làm vào cuối tuần với mọi người xung quanh.

		『できる日本語 初級』ポイント
1	辞書形	
2	私の趣味は映画を見る**こと**です。	☞ 81
3	私は**よく**うちで料理を作ります。	☞ 85
4	趣味は絵を描くことです。**でも**、あまり上手じゃありません。	☞ 87
5	1週間**に**1回、テニスをします。	☞ 84
6	鈴木さんはピアノを弾く**ことができます**。	☞ 82
7	週末、美術館で絵を見**て**、友達と食事をしました。	☞ 83

1. 辞書形

1グループ				2グループ	
聞きます	聞く	遊びます		食べます	
弾きます		飲みます		集めます	
描きます		読みます		見ます	
泳ぎます		作ります		起きます	
話します		乗ります		3グループ	
貸します		歌います		来ます	
持ちます		使います		運転します	

2. 私の趣味は映画を見ることです。

① _____。
② _____。
③ _____。
④ _____。
⑤ _____。 _____。

3. 私はよくうちで料理を作ります。

① A：よくスポーツをしますか。　　B：はい、よく_____。
② A：よく音楽を聞きますか。　　　B：はい、いつも_____。
③ A：よくカラオケに行きますか。　B：いいえ、全然_____。
④ A：よくドラマを見ますか。　　　B：うーん、あまり_____。
⑤ A：よく家族に電話をしますか。
　　B：そうですねえ、ときどき_____。

4. 趣味は絵を描くことです。**でも**、あまり上手じゃありません。

① 私の趣味は歌を歌うことです。でも、_____。
② 私はスポーツが好きです。でも、_____。
③ よく日本のドラマを見ます。でも、_____。
④ アルバイトはとても大変です。でも、_____。
⑤ 私の町はあまり有名じゃありません。でも、_____。
⑥ 先週、旅行に行きました。でも、_____。

5. 1週間**に**1回、テニスをします。

① 1週間　② 1日　③ 1日　④ 1か月　⑤ 1年

① _____。
② _____。
③ _____。
④ _____。
⑤ _____。

6. 鈴木さんはピアノを弾く**ことができます**。

① マルコさんはとても上手に英語を（　　　　　　　　　）。
② A：ダニエルさんは車を（　　　　　　　　　）か。
　 B：はい、できます。
③ 私はあまり辛い料理を（　　　　　　　　　）。
④ 私は自転車に（　　　　　　　　　）から、歩いて学校へ行きます。
⑤ カラオケが好きです。日本の歌も（　　　　　　　　　）。

　　　運転します　乗ります　話します　歌います　食べます

第9課

7. 週末、美術館で絵を見て、友達と食事をしました。

① 来週の日曜日、新宿で買い物します・カラオケに行きます
   → _____。

② 6番のバスに乗ります・スーパーの前で降ります
   → _____。

③ 名前と住所を書きます・在留カードを見せます
   → _____。

④ 毎朝、8時に起きます・顔を洗います・図書館へ行きます
   → _____。

⑤ 昨日、部屋で本を読みました・SNSを見ました
   → _____。

⑥ 京都でお寺を見ました・おいしい料理を食べました・温泉に入りました
   → _____。

1.

私の趣味は_____と_____です。
_____クラシックが好きです。
私は_____。
まだ難しい曲を上手に_____から、毎日練習します。
ピアノの練習は楽しいです。
来週、_____、_____。

曲 = song, melody／曲子／곡／Bài hát　　練習します = to practice／练习／연습합니다／Luyện tập

2.

例) A：パクさんの誕生日は_____いつですか_____。
　　B：10月4日です。

A：エレナさんの趣味は_____。
B：本を読むことです。
A：へえ。_____。
B：日本の小説が好きです。
A：そうですか。1か月に_____。
B：そうですねえ。5、6冊読みます。
A：5、6冊ですか。すごいですね。本屋で本を買いますか。
B：いいえ、いつも図書館で本を借ります。
A：へえ。私も図書館へ行きたいです。_____。
B：バスで行きます。5番のバスに乗ってください。
A：そうですか。わかりました。ありがとうございます。

3.

例) 私（ は ）パクです。
① 私（　　）趣味は音楽を聞くこと（　　）料理を作ることです。
② 1週間（　　）2、3回、レストラン（　　）食事します。
③ 西川さんは英語を話すこと（　　）できます。フランス語を話すこと（　　）できます。
④ 私は車（　　）運転（　　）できます。
⑤ A：どうやって井の頭公園へ行きますか。
　　B：新宿駅（　　）電車（　　）乗って、吉祥寺駅（　　）降ります。
⑥ 日本の料理を習いたいですから、料理教室（　　）参加したいです。

私の趣味

楽しい週末

A：週末、何をしましたか。
☺：_____
_____

A：へぇ。
☺：それから、_____
_____

A：そうですか。_____
☺：_____
A：_____

第10課

バスツアー

- みんなで公園へ遊びに行って、楽しい時間を過ごそう。
Go to the park with everyone and have fun.／和大家去公园玩，度过快乐的时光。／다 같이 공원에 놀러 가서 즐거운 시간 보내기／Hãy đi đến công viên chơi cùng mọi người và tận hưởng khoảng thời gian vui vẻ.

『できる日本語 初級』ポイント

1	**まだ**お弁当を買っ**ていません**。	☞ 91
2	コンビニでお弁当を買っ**てきます**。	☞ 92
3	そこから何**が見えます**か。 ── 高いビル**が見えます**。	☞ 94
4	まっすぐ行って、角**を**右に曲がってください。 トイレは左にあります。	☞ 96
5	ここに荷物を置い**てもいいですか**。	☞ 89
6	ナイ形	
7	バスの窓から手を出さ**ないでください**。	☞ 88
8	あっ、鳥が飛ん**でいます**。	☞ 90
9	あそこでお土産を買う**ことができます**。	☞ 93
10	少し寒く**なりました**。	☞ 95

1. まだお弁当を買っていません。

① A：もう昼ごはんを食べましたか。　　B：いいえ、＿＿＿＿＿＿＿＿＿＿＿＿＿＿＿＿。
② A：もう新幹線を予約しましたか。　　B：いいえ、＿＿＿＿＿＿＿＿＿＿＿＿＿＿＿＿。
③ A：もうこの本を読みましたか。　　　B：いいえ、＿＿＿＿＿＿＿＿＿＿＿＿＿＿＿＿。
④ A：もう宿題をしましたか。　　　　　B：いいえ、＿＿＿＿＿＿＿＿＿＿＿＿＿＿＿＿。

2. コンビニでお弁当を買ってきます。

① ＿＿＿＿＿＿＿＿＿＿＿＿＿＿＿＿＿＿＿＿＿＿＿＿＿＿＿＿＿＿＿＿＿＿＿＿＿＿。
② ＿＿＿＿＿＿＿＿＿＿＿＿＿＿＿＿＿＿＿＿＿＿＿＿＿＿＿＿＿＿＿＿＿＿＿＿＿＿。
③ ＿＿＿＿＿＿＿＿＿＿＿＿＿＿＿＿＿＿＿＿＿＿＿＿＿＿＿＿＿＿＿＿＿＿＿＿＿＿。
④ ＿＿＿＿＿＿＿＿＿＿＿＿＿＿＿＿＿＿＿＿＿＿＿＿＿＿＿＿＿＿＿＿＿＿＿＿＿＿。

3. そこから何が見えますか。― 高いビルが見えます。

① 　② 　③ 　④

① ＿＿＿＿＿＿＿＿＿＿＿＿＿＿＿＿＿＿＿＿＿＿＿＿＿＿＿＿＿＿＿＿＿＿＿＿＿＿。
② ＿＿＿＿＿＿＿＿＿＿＿＿＿＿＿＿＿＿＿＿＿＿＿＿＿＿＿＿＿＿＿＿＿＿＿＿＿＿。
③ ＿＿＿＿＿＿＿＿＿＿＿＿＿＿＿＿＿＿＿＿＿＿＿＿＿＿＿＿＿＿＿＿＿＿＿＿＿＿。
④ A：そこから何が見えますか。
　 B：＿＿＿＿＿＿＿＿＿＿＿＿＿＿＿＿＿＿＿＿＿＿＿＿＿＿＿＿＿＿＿＿＿＿＿。

4. まっすぐ行って、角を右に曲がってください。トイレは左にあります。

① A：KSビルはどこですか。行き方を教えてください。
　 B：_____

② A：駅はどこですか。行き方を教えてください。
　 B：_____

③ A：図書館はどこですか。行き方を教えてください。
　 B：_____

5. ここに荷物を置いてもいいですか。

① 隣に(　　　　　　　　)。
② ここでたばこを(　　　　　　　　　)。
③ 消しゴムを(　　　　　　　　)。
④ 寒いですから、窓を(　　　　　　　　)。
⑤ おなかが痛いですから、うちへ(　　　　　　　　　　)。

```
吸います　閉めます　開けます　座ります
帰ります　貸します　借ります
```

6. ナイ形

1グループ				2グループ	
書きます	書かない	遊びます		食べます	
置きます		飲みます		遅れます	
行きます		休みます		捨てます	
泳ぎます		入ります		見ます	
話します		座ります		3グループ	
押します		使います		来ます	
立ちます		吸います		洗濯します	

7. バスの窓から手を出さないでください。

① あ、そこに荷物を(　　　　　　　　　)。
② この部屋に(　　　　　　　　　)。
③ ここでたばこを(　　　　　　　　　)。
④ テストは9時からです。(　　　　　　　　　)。
⑤ このチケットは大切ですから、(　　　　　　　　　)。
⑥ この絵に(　　　　　　　　　)。

> 吸います
> 触ります
> なくします
> 入ります
> 置きます
> 遅れます

8. あっ、鳥が飛んでいます。

① あっ、_____。
② あっ、_____。
③ あっ、_____。
④ あっ、_____。

9. あそこでお土産を買うことができます。

① 図書館で＿＿＿＿＿＿＿＿＿＿＿＿＿＿＿＿＿＿＿＿＿＿＿＿＿＿＿＿＿＿＿＿＿＿＿。

② コンビニで＿＿＿＿＿＿＿＿＿＿＿＿＿＿＿＿＿＿＿＿＿＿＿＿＿＿＿＿＿＿＿＿＿＿。

③ 郵便局で＿＿＿＿＿＿＿＿＿＿＿＿＿＿＿＿＿＿＿＿＿＿＿＿＿＿＿＿＿＿＿＿＿＿＿。

④ スマートフォンで＿＿＿＿＿＿＿＿＿＿＿＿＿＿＿＿＿＿＿＿＿＿＿＿＿＿＿＿＿＿。

10. 少し寒くなりました。

① （暖かいです→　　　　　　　　　）なりましたね。

② 魚の料理が（好きです→　　　　　　　　　）なりました。

③ 掃除をして、部屋が（きれいです→　　　　　　　　　）なりました。

④ もうすぐ（夏です→　　　　　　　　　）なります。海へ行きたいです。

⑤ 日本語の勉強が（おもしろいです→　　　　　　　　　）なりました。

⑥ 日本語が（上手です→　　　　　　　　　）なりたいです。

1.
〈旅行の出発の前〉

① A：ナタポンさんがまだ（来ます→　　　　　　　　　）ね。

　　B：そうですね。ちょっと（探します→　　　　　　　　　）きます。

② A：行き方がわかりません。教えてください。

　　B：まっすぐ（行きます→　　　　　　　　　）、交差点を左に（曲がります→　　　　　　　　　）ください。

　　A：はい。

③ A：ちょっとたばこを（吸います→　　　　　　　　　）きます。

　　B：はい、わかりました。

④ A：もう薬を（飲みます→　　　　　　　　　）か。

　　B：いいえ、まだ（飲みます→　　　　　　　　　）。

〈バスの中〉

⑤ A：危ないですから、バスの中で（立ちます→　　　　　　　　　）ください。

　　B：はい。

〈動物園で〉
⑥ 薬を飲みましたから、(元気です→　　　　　　　)なりました。
⑦ A:あのう、このパンフレットを(もらいます→　　　　　　　)もいいですか。
　 B:どうぞ。
⑧ あっ、鳥が(飛びます→　　　　　　　)いますよ。
⑨ A:あ、私も自転車に乗りたいです。
　 B:あそこで自転車を(借ります→　　　　　　　)ことができますよ。
⑩ あっ、ペンギンが(歩きます→　　　　　　　)いますよ。
⑪ 天気が(いいです→　　　　　　　)なりました。

2.

～てください　　～ないでください　　～てもいいですか

①  ＿＿＿＿＿＿＿＿＿＿＿＿＿＿＿＿＿＿＿＿＿。

② ＿＿＿＿＿＿＿＿＿＿＿＿＿＿＿＿＿＿＿＿＿。

③ ＿＿＿＿＿＿＿＿＿＿＿＿＿＿＿＿＿＿＿＿＿。

④  ＿＿＿＿＿＿＿＿＿＿＿＿＿＿＿＿＿＿＿＿＿。
　 ゴミは＿＿＿＿＿＿＿＿＿＿＿＿＿＿＿＿＿。

⑤  A:＿＿＿＿＿＿＿＿＿＿＿＿＿＿＿＿＿＿＿。
　 B:あ、すみません。＿＿＿＿＿＿＿＿＿＿＿。

3.

例) 私(は)パクです。

① A：もしもし、パクさん？
   B：…………。
   A：もしもし、聞こえますか。
   B：あ、ワンさん。大丈夫ですか。
   A：あ、パクさん、バス停はどこですか。行き方を教えてください。
   B：そこ(　　)(　　)何(　　)見えますか。
   A：大きい川(　　)見えます。
   B：じゃ、橋(　　)渡って、2つ目(　　)交差点(　　)右(　　)曲がってください。
   A：はい。

② A：マリヤムさん、一緒にお弁当を食べませんか。
   B：ええ。あ、自動販売機(　　)お茶(　　)買ってきます。
   A：はい。
   C：あのう、すみません。ここ(　　)座ってもいいですか。
   A：どうぞ。

③ A：のど(　　)かわきました。
   B：あそこ(　　)ジュースを飲むこと(　　)できますよ。

④ A：あっ、パンダ(　　)えさ(　　)食べていますよ！
   B：本当だ。かわいいですね。

みんなで公園へ

① _____

② _____

③ _____

④ _____

⑤ _____

私の生活

- 日本の生活について、周りの人に話したり聞いたりしよう。
  Talk and ask about life in Japan with people around you.／和周围的人聊聊日本的生活。／일본 생활에 관해 주변 사람에게 이야기하고, 질문하기／Hãy nói cũng như hỏi về cuộc sống sinh hoạt tại Nhật Bản với mọi người xung quanh.

- 周りの人に思い出を紹介しよう。
  Tell people around you about a memory you have.／和周围的人聊聊过去的回忆。／주변 사람에게 추억 소개하기／Hãy giới thiệu những kỷ niệm đáng nhớ với mọi người xung quanh.

		『できる日本語 初級』ポイント
1	初めは日本の生活は大変でしたが、今は楽しくなりました。	☞ 100
2	私は毎朝、散歩をしています。	☞ 98
3	タ形	
4	日曜日、買い物に行ったり、友達と食事に行ったりします。	☞ 99
5	雨のとき、部屋で本を読みます。	☞ 101
6	中学生のとき、ギターを始めました。	☞ 101
7	普通形	
8	毎日、ジョギングをする。	☞ 103
9	よく日本のドラマを見る？ ——うん、見る。／ううん、見ない。	☞ 103
10	一緒に食事に行かない？	☞ 103

1. 初めは日本の生活は大変でしたが、今は楽しくなりました。

① 作文が好きです・会話が好きじゃありません
→ _____。

② ご飯を食べません・パンを食べます
→ _____。

③ 英語を話すことができます・フランス語を話すことができません
→ _____。

④ 北海道でよく雪が降ります・東京であまり降りません
→ _____。

⑤ 西川さんに会いました・木村さんに会いませんでした
→ _____。

⑥ 横浜へもう行きました・鎌倉へまだ行っていません
→ _____。

⑦ 父と電話で話しません・母と電話で話します
→ _____。

⑧ 初め、日本語の勉強は難しかったです・今、おもしろいです
→ _____。

2. 私は毎朝、散歩をしています。

① 私は毎朝、新聞を(　　　　　　　　　　)。
② 1か月に3回、書道教室に(　　　　　　　　　　)。
③ 私は毎週土曜日、たいていドラマを(　　　　　　　　　　)。
④ カルロスさんは休みの日、プールで(　　　　　　　　　　)。
⑤ パクさんは毎日、日本語で日記を(　　　　　　　　　　)。
⑥ 私は毎晩、うちで宿題を(　　　　　　　　　　)。

泳ぎます
書きます
読みます
通います
します
見ます

3. タ形

1グループ				2グループ	
買います	買った	読みます		食べます	
会います		遊びます		寝ます	
持ちます		弾きます		教えます	
立ちます		聞きます		見ます	
撮ります		行きます		3グループ	
乗ります		泳ぎます		来ます	
作ります		話します		します	
飲みます		出します		勉強します	

4. 日曜日、買い物に行ったり、友達と食事に行ったりします。

例) 掃除します・洗濯します → 休みの日、<u>掃除をしたり、洗濯をしたりします</u>。

① ジョギングをします・うちで映画を見ます
　→ 週末、_____。

② 海で泳ぎました・バーベキューをしました
　→ 夏休み、_____。

③ 漢字を勉強しています・宿題をしています
　→ 毎晩、_____。

④ 飲んでください・食べてください
　→ 今日はパーティーですから、たくさん_____。

⑤ スキーをしたいです・温泉に入りたいです
　→ 冬休み、北海道で_____。

5. 雨のとき、部屋で本を読みます。

① ご飯を(食べます→　　　　　　　)とき、はしを使います。
② コーヒーを(飲みます→　　　　　　　)とき、砂糖を入れます。
③ (暑いです→　　　　　　　)とき、エアコンをつけます。
④ 家へ(帰りました→　　　　　　　)とき、手を洗います。
⑤ (疲れました→　　　　　　　)とき、早く寝ます。
⑥ 学校を(休みます→　　　　　　　)とき、先生に電話をします。
⑦ 道が(わかりません→　　　　　　　)とき、地図を見ます。
⑧ 消しゴムを(忘れました→　　　　　　　)とき、友達に借ります。

⑨ （暇です→　　　　　　　）とき、＿＿＿＿＿＿＿＿＿＿＿＿＿＿＿＿＿＿。

⑩ なかなか寝ることが（できません→　　　　　　　　　）とき、＿＿＿＿＿＿＿

＿＿＿＿＿＿＿＿＿＿＿＿＿＿＿＿＿＿＿＿＿＿＿＿＿＿＿＿＿＿＿＿＿＿＿。

6. 中学生のとき、ギターを始めました。

① ＿＿＿＿＿＿＿＿＿＿＿＿＿＿＿＿＿＿とき、＿＿＿＿＿＿＿＿＿＿＿＿＿＿＿＿＿＿。
② ＿＿＿＿＿＿＿＿＿＿＿＿＿＿＿＿＿＿とき、＿＿＿＿＿＿＿＿＿＿＿＿＿＿＿＿＿＿。
③ ＿＿＿＿＿＿＿＿＿＿＿＿＿＿＿＿＿＿とき、＿＿＿＿＿＿＿＿＿＿＿＿＿＿＿＿＿＿。
④ ＿＿＿＿＿＿＿＿＿＿＿＿＿＿＿＿＿＿とき、＿＿＿＿＿＿＿＿＿＿＿＿＿＿＿＿＿＿。
⑤ ＿＿＿＿＿＿＿＿＿＿＿＿＿＿＿＿＿＿とき、＿＿＿＿＿＿＿＿＿＿＿＿＿＿＿＿＿＿。

7. 普通形

聞く	聞かない	聞いた	聞かなかった
	買わない		
		読んだ	
ある			
食べる			
	寝ない		
		勉強した	
来る			
忙しい	忙しくない	忙しかった	忙しくなかった
		楽しかった	
いい			
好き(だ)	好きじゃない	好きだった	好きじゃなかった
	簡単じゃない		
雨(だ)	雨じゃない	雨だった	雨じゃなかった
			休みじゃなかった

8. 毎日、ジョギングを**する**。

① 毎日、コーヒーを飲みます → _____。
② あまり料理を作りません → _____。
③ 昨日、1人で公園を散歩しました → _____。
④ 今朝、何も食べませんでした → _____。
⑤ 日本のケーキはおいしいです → _____。
⑥ この雑誌はおもしろくないです → _____。
⑦ 今朝はとても忙しかったです → _____。
⑧ 昨日はあまり寒くなかったです → _____。
⑨ スポーツが好きです → _____。
⑩ 私は絵が上手じゃありません → _____。
⑪ お祭りはにぎやかでした → _____。
⑫ テストは簡単じゃありませんでした → _____。
⑬ 明日は引っ越しです → _____。

9. よく日本のドラマを**見る**？ ― うん、**見る**。/ううん、**見ない**。

① A：よく_____？ B：_____。
② A：昨日、_____？ B：_____。
③ A：_____？ B：_____。
④ A：_____？ B：_____。
⑤ A：明日、_____？ B：_____。

10. 一緒に食事に行かない？

① 今日、一緒に昼ご飯を食べませんか　→_____？
② 夏休み、旅行に行きたいです　→_____。
③ ここに座ってください　→_____。
④ まだスキーツアーに申し込んでいません　→_____。
⑤ 今、何をしていますか　→_____？
⑥ 窓を開けてもいいですか　→_____？
⑦ 大きい声で話さないでください　→_____。
⑧ ここで写真を撮ることができます　→_____。
⑨ 明日、休みですから、買い物に行きます　→_____。
⑩ このレストランはおいしいですが、駅から遠いです
　　→_____。

1.

① 去年、友達と一緒にアメリカへ行きました。アメリカへ（行きます→　　　　　）とき、大きいかばんがありませんでしたから、新しいかばんを（買います→　　　　　）。ボストンのレストランに（入ります→　　　　　）とき、店員さんの英語が全然（わかります→　　　　　）。でも、ジェスチャーをしたり、辞書を見せたりして、話すことができました。大変でした。

　　　　　　　　ボストン＝Boston／波士頓／보스턴／Boston　　ジェスチャー＝gesture／手勢／몸짓／Cử chỉ

② A：鈴木さんは（暇です→　　　　　）とき、何をしますか。
　　B：そうですねえ。私は公園へ行きます。公園でテニスをします。
　　A：へえ。
　　B：でも、（雨です→　　　　　）とき、うちで本を（読みます→　　　　　）り、ドラマを（見ます→　　　　　）りします。仕事が（忙しいです→　　　　　）とき、日曜日も会社で（働きます→　　　　　）から、少し疲れます。
　　A：そうですか。（疲れます→　　　　　）とき、どうしますか。
　　B：お風呂に入って、ゆっくり休みます。

2.

例) A：イさんの誕生日は＿＿＿いつですか＿＿＿。
　　B：3月10日です。
① A：山田さんは午後、＿＿＿＿＿＿＿＿＿＿＿＿＿＿＿＿＿。
　　B：アルバイトをしています。
② A：週末、＿＿＿＿＿＿＿＿＿＿＿＿＿＿＿＿＿？
　　B：映画を見た。
　　A：＿＿＿＿＿＿＿＿＿＿＿＿＿＿＿＿＿？
　　B：とてもおもしろかった。
③ A：佐藤さん、＿＿＿＿＿＿＿＿＿＿＿＿＿＿。
　　B：小学生のとき、サッカーを始めました。
④ A：最近、夜なかなか寝ることができません。
　　B：そうですか。
　　A：なかなか寝ることができないとき、＿＿＿＿＿＿＿＿＿＿＿＿＿＿＿。
　　B：クラシック音楽を聞きます。

3.

例) 私（ は ）パクです。学生（ × ）です。
① A：いつ日本語（　　）勉強（　　）始めましたか。
　　B：大学生（　　）とき、始めました。
　　　高校生（　　）とき、初めて日本の漫画を読みました。
　　　漫画はおもしろかったです（　　）（　　）、日本語を勉強したくなりました。
　　　それで、大学生になって、日本語（　　）勉強（　　）始めました。
② A：エレナさん、もう日本の生活（　　）慣れましたか。
　　B：はい、もう慣れました。
　　A：休み（　　）日、何をしていますか。
　　B：たいてい（　　）図書館（　　）勉強しています。
③ 高校（　　）卒業したとき、先生（　　）辞書をもらいました。
④ 大学（　　）入学するとき、新しい時計を買いました。
⑤ A：エレナさんはコーヒー（　　）よく飲みますか。
　　B：そうですねえ。紅茶（　　）よく飲みます（　　）、コーヒー（　　）あまり飲みません。

日本の生活

A：日本の生活はどう？
☺：＿＿＿。
A：そう。休みの日、よく何をしている？
☺：＿＿＿。
＿＿＿。
A：そっか。日本語の勉強は大変？
☺：うーん。＿＿＿＿＿＿＿＿＿＿＿＿＿＿＿＿＿＿＿＿＿＿＿＿＿＿＿＿＿＿＿＿＿＿＿＿。
A：へえ。一人暮らしは寂しい？
☺：＿＿＿。
＿＿＿。

私の思い出

思い出＝memory／回忆／추억／Kỷ niệm

あなたの思い出を1つ紹介してください。
(例：友達とのいちばん楽しかった思い出、恋人との思い出、日本へ来てからの思い出)

第12課

病気・けが

- 学校で体の調子が悪いとき、症状を簡単に説明しよう。また、体調が悪い友達にアドバイスしよう。
  Briefly explain your symptoms when you are feeling unwell at school. Also, give advice to a friend who is feeling unwell. ／在学校感到身体不适时，简单说明症状。另外，向身体不适的朋友提建议。／학교에서 몸이 좋지 않을 때 간단하게 증상 설명하기. 또, 몸이 좋지 않은 친구에게 조언하기／Khi cảm thấy không khỏe tại trường, hãy giải thích đơn giản về triệu chứng của mình. Và hãy đưa ra lời khuyên cho bạn bè khi họ cảm thấy không khỏe.

- 病院で簡単に症状を話したり、指示を聞いたりしよう。
  Briefly discuss your symptoms and ask for guidance at the hospital. ／在医院简单说明症状，询问医嘱。／병원에서 간단하게 증상을 설명하고, 지시 듣기／Hãy nói đơn giản về triệu chứng khi đi bệnh viện và lắng nghe những chỉ dẫn liên quan.

		『できる日本語 初級』ポイント
1	どうしたんですか。 ── のどが痛い**んです**。	☞ 104
2	病院へ行った**ほうがいいです**よ。	☞ 105
3	予約をし**てから**、病院へ行きます。	☞ 107
4	ご飯を食べる**前に**、薬を飲んでください。	☞ 106

1. どうしたんですか。 — のどが痛いんです。

① ② ③ ④ ⑤

① A：どうしたんですか。
　 B：＿＿＿＿＿＿＿＿＿＿＿＿＿＿＿＿＿＿＿＿＿＿。
② A：どうしたんですか。
　 B：＿＿＿＿＿＿＿＿＿＿＿＿＿＿＿＿＿＿＿＿＿＿。
③ A：どうしたんですか。
　 B：＿＿＿＿＿＿＿＿＿＿＿＿＿＿＿＿＿＿＿＿＿＿。
④ A：どうしたんですか。
　 B：＿＿＿＿＿＿＿＿＿＿＿＿＿＿＿＿＿＿＿＿＿＿。
⑤ A：どうしたんですか。
　 B：＿＿＿＿＿＿＿＿＿＿＿＿＿＿＿＿＿＿＿＿＿＿。

2. 病院へ行ったほうがいいですよ。

① 毎日8時間以上（　　　　　　　　　）。
② 疲れたとき、うちでゆっくり（　　　　　　　　　）。
③ のどが痛いとき、できるだけ声を（　　　　　　　　　）。
④ 歯が痛いとき、固いものを（　　　　　　　　　）。
⑤ 体にいいですから、できるだけ毎日（　　　　　　　　　）。
⑥ 薬を飲んだとき、お酒を（　　　　　　　　　）。
⑦ A：どうしたんですか。
　 B：やけどをしたんです。
　 A：薬を（　　　　　　　　　）よ。
⑧ A：日本語が上手になりたいです。
　 B：じゃ、日本人とたくさん（　　　　　　　　　）よ。
⑨ 冬に北海道へ行くとき、暖かい服を（　　　　　　　　　）。
⑩ できるだけ自分で料理を（　　　　　　　　　）。

話します
寝ます
運動します
出します
持って行きます
塗ります
飲みます
作ります
休みます
食べます

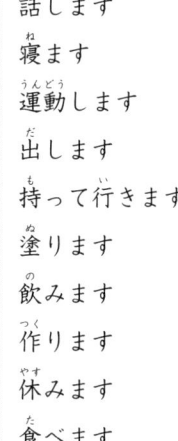

3. 予約をしてから、病院へ行きます。

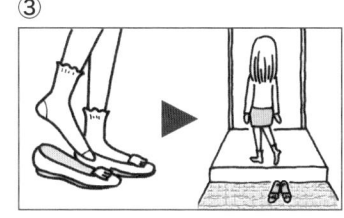

① _____。
② _____。
③ _____。
④ _____。
⑤ _____。
⑥ 昨日、_____。

4. ご飯を食べる前に、薬を飲んでください。

① （お風呂に入ります→ ）、体を洗います。
② （走ります→ ）、準備運動します。
③ （旅行に行きます→ ）、チケットを予約します。
④ （晩ご飯です→ ）、この薬を飲んでください。
⑤ （食事です→ ）、手を洗います。
⑥ （仕事です→ ）、買い物します。
⑦ （2日です→ ）、けがをしました。
⑧ （3時間です→ ）、薬を飲みました。
⑨ （1年です→ ）、日本へ来ました。

1. 　　　　～前に　　～てから　　～んです　　～ほうがいいです

〈学校で〉

A：どうしたんですか。
B：今朝からおなかの調子が（例 よくないです→　よくないんです　）。
A：それはいけませんね。薬を飲みましたか。
B：はい。今朝、学校へ（来ます→　　　　　　　）、
　　飲みました。でも、まだ痛いです。
A：そうですか。じゃ、早く家へ帰って、ゆっくり
　　（休みます→　　　　　　　　　　　　）よ。
B：はい。

〈次の日、病院で〉

医者：どうしましたか。
　A：おなかがとても（痛いです→　　　　　　　　　）。
　　　熱も（あります→　　　　　　　）。
医者：そうですか。いつから痛いですか。
　A：昨日の朝から調子が悪くなりました。
　　　昨日の夜、家へ（帰ります→　　　　　　　）、
　　　痛くなりました。
医者：そうですか。それでは、上着を（脱ぎます→　　　　　　　）、
　　　ここに横になってください。
　　　ああ、食あたりですね。水をたくさん飲んでください。
　A：はい。

食あたり＝food poisoning／食物中毒／식중독／Ngộ độc thực phẩm

2. アドバイスをしてください。

①
趣味はゲームです。昨日6時間ゲームをしましたから、あまり寝ませんでした。私は運動が嫌いです。

②  私は今、ダイエットをしています。毎日リンゴだけ食べます。他のものは何も食べません。最近、すぐ疲れます。

_____
_____
_____
_____

③  私はまだ上手に日本語を話すことができません。ときどきテレビを見ますが、よくわかりません。日本人の友達もいません。

_____
_____
_____
_____

④  私は夏休みに旅行に行きたいです。でも、いいところがわかりません。まだホテルや新幹線のチケットも予約していません。

_____
_____
_____
_____

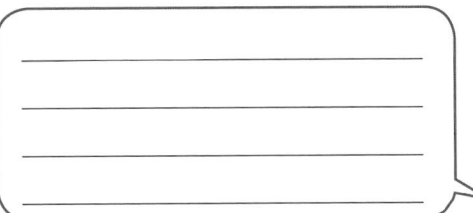

ダイエット＝diet／减肥／다이어트／Ăn kiêng　　ホテル＝hotel／酒店／호텔／Khách sạn

3.

例) 私(は)パクです。学生(×)です。

① A：どうしたんですか。
　　B：のど(　　)痛いんです。
　　A：大丈夫ですか。
　　　　のどが痛い(　　)とき、あまり声(　　)出さないほうがいいですよ。
　　B：そうですね。
　　A：今日、病院へ行きますか。
　　B：はい、アルバイト(　　)前に行きます。
　　A：そうですか。お大事に。

② A：どうしましたか。
　　B：けが(　　)しました。
　　A：ちょっと見せてください。ああ、大丈夫ですよ。薬ですぐ治ります。
　　　　薬局(　　)薬(　　)もらってください。
　　B：はい。

③ A：Bさんは何(　　)体(　　)いいことをしていますか。
　　B：毎日、野菜ジュースを飲んでいます。野菜(　　)体(　　)いいですから。

④ 風邪(　　)ひいたとき、ゆっくり休んだほうがいいです。

<ruby>学校<rt>がっこう</rt></ruby>で

A: ＿＿＿＿＿＿＿＿＿＿＿＿＿＿＿＿＿＿＿＿
B: ＿＿＿＿＿＿＿＿＿＿＿＿＿＿＿＿＿＿＿＿
A: ＿＿＿＿＿＿＿＿＿＿＿＿＿＿＿＿＿＿＿＿
B: ＿＿＿＿＿＿＿＿＿＿＿＿＿＿＿＿＿＿＿＿
A: ＿＿＿＿＿＿＿＿＿＿＿＿＿＿＿＿＿＿＿＿
B: ＿＿＿＿＿＿＿＿＿＿＿＿＿＿＿＿＿＿＿＿
A: お<ruby>大事<rt>だいじ</rt></ruby>に。

<ruby>病院<rt>びょういん</rt></ruby>で

<ruby>医者<rt>いしゃ</rt></ruby>：どうしましたか。
B：＿＿＿＿＿＿＿＿＿＿＿＿＿＿＿＿＿＿＿＿＿＿＿＿＿＿。
<ruby>医者<rt>いしゃ</rt></ruby>：＿＿＿＿＿＿＿＿＿＿＿＿＿＿＿＿＿＿、こちらに<ruby>座<rt>すわ</rt></ruby>ってください。
B：はい。
<ruby>医者<rt>いしゃ</rt></ruby>：<ruby>頭<rt>あたま</rt></ruby>も<ruby>痛<rt>いた</rt></ruby>いですか。
B：はい。<ruby>痛<rt>いた</rt></ruby>いです。
<ruby>医者<rt>いしゃ</rt></ruby>：そうですか。<ruby>頭<rt>あたま</rt></ruby>はいつから<ruby>痛<rt>いた</rt></ruby>くなりましたか。
B：＿＿＿＿＿＿＿＿＿＿＿＿＿＿＿＿＿＿＿＿＿＿＿＿＿＿。
<ruby>医者<rt>いしゃ</rt></ruby>：そうですか。ちょっと＿＿＿＿＿＿＿＿＿＿＿＿＿＿＿＿＿。
ああ、<ruby>風邪<rt>かぜ</rt></ruby>ですね。
B：そうですか。
<ruby>医者<rt>いしゃ</rt></ruby>：<ruby>薬<rt>くすり</rt></ruby>を<ruby>出<rt>だ</rt></ruby>しますから、1<ruby>週間<rt>しゅうかん</rt></ruby>、<ruby>飲<rt>の</rt></ruby>んでください。お<ruby>大事<rt>だいじ</rt></ruby>に。
B：はい、わかりました。ありがとうございます。
　　　……………
<ruby>薬剤師<rt>やくざいし</rt></ruby>：1<ruby>日<rt>にち</rt></ruby>に3<ruby>回薬<rt>かいくすり</rt></ruby>を<ruby>飲<rt>の</rt></ruby>んでください。＿＿＿＿＿＿＿＿＿＿＿＿＿＿＿＿＿＿。
B：はい、わかりました。

第13課

私のおすすめ

- 自分が知りたい情報について聞いたり、おすすめのところや物などについて教えたりしよう。
  Ask about things you want to know and tell someone about the places and things you recommend. ／询问自己想知道的信息，告诉别人自己推荐的地方或事物。／알고 싶은 정보에 관해 질문하고, 추천 장소와 물건 알려주기／Hãy hỏi những thông tin mà mình muốn biết và chia sẻ về những địa điểm hoặc những đồ vật, v.v. mà mình khuyến nghị.

- 生活を楽しく便利にしたい！　周りの人におすすめを紹介しよう。
  You want to make your life more fun and convenient! Tell people around you your recommendations. ／想让生活更轻松方便！向周围的人介绍你推荐的事物。／즐겁고 편리한 생활을 위해! 주변 사람에게 추천하고 싶은 물건 소개하기／Muốn làm cho cuộc sống trở nên vui vẻ và tiện lợi hơn! Hãy giới thiệu những khuyến nghị của mình cho mọi người xung quanh.

『できる日本語 初級』ポイント

1	私は富士山に登ったことがあります。	☞ 108
2	どこかいい居酒屋を知っていますか。	☞ 111
	── はい、知っています。／いいえ、知りません。	
3-1	ここは私がよく行く店です。	☞ 109
3-2	今度バーベキューをする公園を探しています。	☞ 109
3-3	駅の前にあるレストランはおいしいです。	☞ 109
4・5	山に登るときはく靴を買いたいです。	☞ 109
6	メアリーさんは髪が長くて、赤いスカートをはいている人です。	☞ 110

1. 私は富士山に登ったことがあります。

① 私はスキーを（　　　　　　　　　　　）。
② 私はすしを（　　　　　　　　　　　）。
③ 有名な歌手に（　　　　　　　　　　　）。
④ 1回も沖縄へ（　　　　　　　　　　　）。
⑤ 何回も温泉に（　　　　　　　　　　　）。
⑥ A：村上春樹の本を（　　　　　　　　　　　）。
　 B：いいえ、（　　　　　　　　　　　）。

入ります
読みます
します
会います
行きます
食べます

2. どこかいい居酒屋を知っていますか。
　　— はい、知っています。／いいえ、知りません。

① A：_____。
　 B：_____。
② A：_____。
　 B：_____。
③ A：_____。
　 B：_____。
④ A：_____。
　 B：_____。

3-1. ここは**私がよく行く店**です。

① これは(恋人にもらいました→　　　　　　　　　　　　　　)ネックレスです。
② サンサンは(かわいい服を売っています→　　　　　　　　　　　　　)店です。
③ これは去年(イギリスで撮りました→　　　　　　　　　)写真です。
④ ここは(私はときどき友達と食事に行きます→　　　　　　　　　　　　　　　　)
　レストランです。

3-2. **今度バーベキューをする公園**を探しています。

① クラスメイトと(飲み会をします→　　　　　　　　　　　　　)店を探しています。
② (富士山が見えます→　　　　　　　　　　　)ホテルに泊まりたいです。
③ (旅行に持って行きます→　　　　　　　　　　)かばんがほしいです。

3-3. **駅の前にあるレストラン**はおいしいです。

① (昨日、見ました→　　　　　　　　　　)映画はとてもおもしろかったです。
② まだ(お金を払っていません→　　　　　　　　　　)人は明日払ってください。
③ (姉は働いています→　　　　　　　　　　　)銀行は駅の近くにあります。

4. **山に登るときはく靴**を買いたいです。

① ここは公園です　＋　バスケットボールをすることができます
　→ 　　　　　　　　　　　　　　　　　　　　　　　　　　　　　　　　　　。

② ホテルはよかったです　＋　京都で泊まりました
　→ 　　　　　　　　　　　　　　　　　　　　　　　　　　　　　　　　　　。

③ 私はレストランを予約しました　＋　明日恋人と行きます
　→ 　　　　　　　　　　　　　　　　　　　　　　　　　　　　　　　　　　。

④ 帽子はかわいいですね　＋　パクさんはかぶっています
　→ 　　　　　　　　　　　　　　　　　　　　　　　　　　　　　　　　　　。

⑤ 写真を見せてください　＋　先週お寺で撮りました
　→ 　　　　　　　　　　　　　　　　　　　　　　　　　　　　　　　　　　。

⑥ 私は家に住みたいです　＋　広い台所があります
　→ 　　　　　　　　　　　　　　　　　　　　　　　　　　　　　　　　　　。

⑦ これはアプリです　＋　私は買い物のとき使います
　→ 　　　　　　　　　　　　　　　　　　　　　　　　　　　　　　　　　　。

5. 山に登るときはく靴を買いたいです。

例)【これは／時計です／イタリアで／去年／買った】
→ これは去年イタリアで買った時計です。

① 【探しています／今度／私は／旅行に／ところを／行く】
→ ＿＿＿＿＿＿＿＿＿＿＿＿＿＿＿＿＿＿＿＿＿＿＿＿＿＿＿＿＿＿＿＿＿＿。

② 【駅の／先週／レストランで／前に／食事しました／ある】
→ ＿＿＿＿＿＿＿＿＿＿＿＿＿＿＿＿＿＿＿＿＿＿＿＿＿＿＿＿＿＿＿＿＿＿。

③ 【ダニエルさんです／吸っている／あそこで／男の人は／たばこを】
→ ＿＿＿＿＿＿＿＿＿＿＿＿＿＿＿＿＿＿＿＿＿＿＿＿＿＿＿＿＿＿＿＿＿＿。

④ 【行きませんか／山口さんに／プレゼントを／あげる／買いに】
→ ＿＿＿＿＿＿＿＿＿＿＿＿＿＿＿＿＿＿＿＿＿＿＿＿＿＿＿＿＿＿＿＿＿＿。

⑤ 【パクさんが／料理は／よく／何ですか／パーティーのとき／作る】
→ ＿＿＿＿＿＿＿＿＿＿＿＿＿＿＿＿＿＿＿＿＿＿＿＿＿＿＿＿＿＿＿＿＿＿。

6. メアリーさんは髪が長くて、赤いスカートをはいている人です。

① あの＿＿＿＿＿＿＿＿＿＿＿＿＿＿＿＿＿＿＿＿＿＿＿＿＿は山田さんです。
② あの＿＿＿＿＿＿＿＿＿＿＿＿＿＿＿＿＿＿＿＿＿＿＿＿＿は鈴木さんです。
③ イさんは髪が＿＿＿＿＿＿＿＿＿、眼鏡を＿＿＿＿＿＿＿＿＿＿＿＿＿です。
④ エレナさん＿＿＿＿＿＿＿＿＿＿＿＿＿＿＿＿＿＿はかわいいですね。
⑤ 佐藤さん＿＿＿＿＿＿＿＿＿＿＿＿＿＿＿＿＿＿＿は素敵ですね。

1.

①

A：＿＿＿＿＿＿＿＿＿＿＿＿＿＿＿＿＿＿＿＿＿＿＿＿＿＿＿＿＿。
B：はい、あります。
A：＿＿＿＿＿＿＿＿＿＿＿＿＿＿＿＿＿＿＿＿＿＿＿＿＿＿＿＿＿。
B：人が多かったですが、とても楽しかったですよ。

②

A：＿＿＿＿＿＿＿＿＿＿＿＿＿＿＿＿＿＿＿＿＿＿＿＿＿＿＿＿＿。
B：はい、知っています。
＿＿＿＿＿＿＿＿＿＿居酒屋は料理がおいしいですよ。

③

A：おいしいパンを＿＿＿＿＿＿＿＿＿＿＿＿＿＿＿＿はどこですか。
B：＿＿＿＿＿＿＿＿です。＿＿＿＿＿＿＿＿＿＿＿＿
よ。

④

A：高橋さんは＿＿＿＿＿＿＿＿＿＿＿＿＿＿＿＿＿＿＿＿＿＿。
B：あの人です。＿＿＿＿＿＿＿＿＿＿＿＿＿＿＿＿＿＿＿＿。

2.

例) 私（ は ）パクです。
① A：温泉（　　）入ったこと（　　）ありますか。
　　B：いいえ、1回（　　）ありません。
② 私は相撲が大好きです。何回（　　）相撲を見たことがあります。
③ スマイルは女の人（　　）人気（　　）ある歌手です。
④ 今度、さくらホテル（　　）泊まります。
⑤ お菓子の材料（　　）売っている店（　　）知っていますか。
⑥ 〈2人は雑誌を見ています〉
　　A：わあ、このレストラン、素敵ですね。
　　B：ええ。ここ（　　）若い人（　　）よく行くレストランです。とてもおいしいですよ。

私のおすすめ

おすすめ＝ recommendation ／推荐／추천／ Khuyến nghị

① A：今度の休みに、家族が日本へ来ますから、旅行に行きたいです。
　　　どこがいいですか。
　☺：_____
　A：どんなところですか。
　☺：_____
　　　_____

② A：_____さんがよく使うアプリは何ですか。
　☺：_____
　　　_____
　A：へえ。
　☺：_____
　　　_____

③ あなたのおすすめのところや物を紹介してください。

_____
_____
_____
_____
_____
_____
_____

第13課

第14課

国・町の習慣

- 生活上のルールややり方について、友達に聞いたり教えたりしよう。
  Teach and ask your friend about rules and practices for everyday life.／向朋友询问或传授生活中的规则和生活方式。／일상 속 규칙과 생활 방식에 관해 친구에게 물어보고, 알려주기／Hãy hỏi và chia sẻ về những quy tắc hay cách làm trong cuộc sống hàng ngày với bạn bè.

- 日本の気になる習慣やルールについてどう思うか、周りの人と話そう。
  Share your thoughts with people around you about Japanese customs and rules you are curious about.／和周围的人聊聊自己在意的日本的习惯和规则。／일본의 특이한 습관이나 규칙에 관해 어떻게 생각하는지 주변 사람과 이야기하기／Hãy nói những suy nghĩ của mình về những thói quen hay quy tắc tại Nhật Bản mà mình quan tâm với mọi người xung quanh.

『できる日本語 初級』ポイント

1 このボタンを押す**と**、ドアが開きます。　☞ 113

2 ここに自転車を止め**てはいけません**よ。　☞ 114

3 バイクに乗るとき、ヘルメットをかぶら**なければなりません**。　☞ 115

4 5歳以下の子どもは料金を払わ**なくてもいいです**。　☞ 116

5 ここで帽子を脱が**なければなりません**か。　☞ 115, 116
　── はい、脱が**なければなりません**。
　／いいえ、脱が**なくてもいいです**。

6 東京は公園が多いですから、いい**と思います**。　☞ 117

7 東京の電車は便利ですね。　☞ 117
　── そうですね。でも、とても複雑だ**と思います**。

1. このボタンを押す**と**、ドアが開きます。

① ここにコップを置きます・お茶が出ます → ＿＿＿＿＿＿＿＿＿＿＿＿＿＿＿＿＿＿＿＿＿＿＿＿＿＿＿＿＿＿＿。
② 近くへ行きます・電気がつきます → ＿＿＿＿＿＿＿＿＿＿＿＿＿＿＿＿＿＿＿＿＿＿＿＿＿＿＿＿＿＿＿。
③ このレバーを回します・お釣りが出ます → ＿＿＿＿＿＿＿＿＿＿＿＿＿＿＿＿＿＿＿＿＿＿＿＿＿＿＿＿＿＿＿。
④ ここに手をかざします・水が出ます → ＿＿＿＿＿＿＿＿＿＿＿＿＿＿＿＿＿＿＿＿＿＿＿＿＿＿＿＿＿＿＿。
⑤ お酒を飲みます・顔が赤くなります → ＿＿＿＿＿＿＿＿＿＿＿＿＿＿＿＿＿＿＿＿＿＿＿＿＿＿＿＿＿＿＿。
⑥ このボタンを押します・音が大きくなります → ＿＿＿＿＿＿＿＿＿＿＿＿＿＿＿＿＿＿＿＿＿＿＿＿＿＿＿＿＿＿＿。
⑦ この音楽を聞きます・元気になります → ＿＿＿＿＿＿＿＿＿＿＿＿＿＿＿＿＿＿＿＿＿＿＿＿＿＿＿＿＿＿＿。

2. ここに自転車を止め**てはいけません**よ。

① 　② 　③ 　④

⑤ 　⑥ 　⑦ 　⑧

① ＿＿＿。
② ＿＿＿。
③ ＿＿＿。
④ ＿＿＿。
⑤ ＿＿＿。
⑥ ＿＿＿。
⑦ ＿＿＿。
⑧ ＿＿＿。

3. バイクに乗るとき、ヘルメットをかぶら**なければなりません**。

① 部屋に入るとき、帽子を(　　　　　　　　　　　　)。
② 私の学校では制服を(　　　　　　　　　　　　　　)。
③ ごみは家まで(　　　　　　　　　　　　　　　　　)。
④ 電車を待つとき、ここに(　　　　　　　　　　　　)。
⑤ 授業のとき、日本語を(　　　　　　　　　　　　　)。
⑥ 部屋を出るとき、部屋の電気を(　　　　　　　　　)。

> 着ます　　消します　　使います　　並びます　　脱ぎます　　持って帰ります

4. 5歳以下の子どもは料金を払わ**なくてもいいです**。

① このアンケートには名前を(書きません→　　　　　　　　　　)。
　　　　　　　　　　　　　　アンケート = questionnaire／问卷／설문 조사／Khảo sát
② 今日はこどもの日ですから、子どもは入場料を(払いません→　　　　　　　　)。
③ 私の家では玄関で靴を(脱ぎません→　　　　　　　　　　)。
④ 図書館で本を借りるとき、パスポートを(持って行きません→　　　　　　　　)。
⑤ アルバイトのとき、制服を(着ません→　　　　　　　　)。

5. ここで帽子を脱が**なければなりません**か。
　　── はい、脱が**なければなりません**。／いいえ、脱が**なくてもいいです**。

① A：病院へ行くとき、保険証を
　　　(　　　　　　　　　　　　)なければなりませんか。
　　B：はい、(　　　　　　　　　　　　　　　　　)。

② A：図書館の自習室を使いたいとき、
　　　(　　　　　　　　　　　　)なければなりませんか。
　　B：いいえ、(　　　　　　　　　　　　　　　　　)。

> 予約します
> 申し込みます
> 見せます
> 持って行きます

　　　　　　　　自習室 = private study room／自习室／자습실／Phòng tự học

③ A：映画館に入るとき、学生証を(　　　　　　　　　)なければなりませんか。
　　B：はい、(　　　　　　　　　　　　　　　　　)。
④ A：このイベントに参加したいとき、先生に(　　　　　　　　　)なければなりませんか。
　　B：いいえ、(　　　　　　　　　　　　　　　　　)。

6. 東京は公園が多いですから、いい**と思います**。

① 日本は雨がよく（降ります→　　　　　　　　　　）。
② アルバイトはいい経験に（なります→　　　　　　　　　　）。
③ ファストフードは体に（よくないです→　　　　　　　　　　）。
④ 東京の地下鉄は（複雑です→　　　　　　　　　　）。
⑤ 仕事も友達もどちらも（大切です→　　　　　　　　　　）。
⑥ コンビニはいつでも買い物することができますから、（便利です→　　　　　　　　　　）。
⑦ このゲームは（簡単じゃありません→　　　　　　　　　　）。
⑧ 運動は体にいいですから、毎日（したほうがいいです→　　　　　　　　　　）。

7. 東京の電車は便利ですね。
　　― そうですね。でも、とても複雑だ**と思います**。

① A：外国語の勉強は大変ですね。
　　B：そうですね。でも、＿＿＿＿＿＿＿＿＿＿＿＿＿＿＿＿＿＿＿＿。
② A：一人暮らしは寂しいですね。
　　B：そうですね。でも、＿＿＿＿＿＿＿＿＿＿＿＿＿＿＿＿＿＿＿＿。
③ A：アルバイトをしている高校生が多いですね。
　　B：そうですね。でも、＿＿＿＿＿＿＿＿＿＿＿＿＿＿＿＿＿＿＿＿。
④ A：子どもがスマホを持つことについてどう思いますか。
　　B：そうですねえ。＿＿＿＿＿＿＿＿＿＿＿＿＿＿＿＿＿＿＿＿から、
　　　＿＿＿＿＿＿＿＿＿＿＿＿＿＿＿。
⑤ A：田舎の生活と都会の生活とどちらがいいと思いますか。
　　B：そうですねえ。＿＿＿＿＿＿＿＿＿＿＿＿＿＿＿＿＿＿＿＿から、
　　　＿＿＿＿＿＿＿＿＿＿＿＿＿＿＿。

1.

～はいけません　～もいいです　～なければなりません　～なくてもいいです

例) ごみは分けてから(捨てます→ 捨てなければなりません)。
① 駅の前に自転車を(置きます→　　　　　　　　　　)。駐輪場に置いてください。
② 日本では20歳からお酒を(飲みます→　　　　　　　　　　　　)。
③ お酒を飲んだとき、車を(運転します→　　　　　　　　　　)。
④ この美術館は65歳以上の人は入場料を
(払います→　　　　　　　　　　　　)。

子ども　¥1000
大人　　¥2000
65歳以上　¥0

⑤ 外国へ行くとき、パスポートを(持って行きます→　　　　　　　　　　)。

2.

～はいけません　～なければなりません　～なくてもいいです　～と思います

私は寮に住んでいます。寮にいろいろなルールがあります。
夜、他の人に迷惑ですから、9時前に洗濯を(します→　　　　　　　　　　)。
毎月、第3土曜日の朝、8時半からみんなで寮の前やロビーを掃除します。でも、用事がある人
や体の調子が悪い人は(参加します→　　　　　　　　　　)。
食事は寮の台所で(作ります→　　　　　　　　　　)。危ないですから、自分の
部屋で(作ります→　　　　　　　　　　)。寮の台所に大きい冷蔵庫があります。
冷蔵庫に自分が買った物を入れるとき、名前を(書きます→　　　　　　　　　　)。
初めはちょっと(変です→　　　　　　　　　　)が、今は寮のルールに慣れました。
ルールに慣れてから、寮の生活がおもしろくなりました。

変 = strange／奇怪／이상하다／Bất thường　　寮 = dormitory／宿舎／기숙사／Ký túc xá
ルール = rule／規則／룰／Quy tắc　　ロビー = lobby／大厅／로비／Tiền sảnh

3.

例) 私(は)パクです。
① このレバー(　　)回すと、お釣り(　　)出ます。
② バイク(　　)乗るとき、ヘルメット(　　)かぶらなければなりません。
③ ここ(　　)学生証(　　)見せてください。
④ 駅(　　)前(　　)自転車(　　)止めてはいけません。
⑤ ポケット(　　)お金(　　)入れました。
⑥ 「I'm hungry」は日本語(　　)「おなかがすきました」(　　)言います。

友達と出かけて

① A: ＿＿＿＿＿＿＿＿＿＿＿＿＿＿＿＿＿＿＿＿＿＿＿＿＿＿＿＿＿＿＿＿＿。
　 B: ＿＿＿＿＿＿＿＿＿＿＿＿＿＿＿＿＿＿＿＿＿＿＿＿＿＿＿＿＿＿＿＿＿。
　 A: ＿＿＿＿＿＿＿＿＿＿＿＿＿＿＿＿＿＿＿＿＿＿＿＿＿＿＿＿＿＿＿＿＿。
② A: ＿＿＿＿＿＿＿＿＿＿＿＿＿＿＿＿＿＿＿＿＿＿＿＿＿＿＿＿＿＿＿＿＿。
　 B: ＿＿＿＿＿＿＿＿＿＿＿＿＿＿＿＿＿＿＿＿＿＿＿＿＿＿＿＿＿＿＿＿＿。
③ A: ＿＿＿＿＿＿＿＿＿＿＿＿＿＿＿＿＿＿＿＿＿＿＿＿＿＿＿＿＿＿＿＿＿。
　 B: ＿＿＿＿＿＿＿＿＿＿＿＿＿＿＿＿＿＿＿＿＿＿＿＿＿＿＿＿＿＿＿＿＿。
④ A: ＿＿＿＿＿＿＿＿＿＿＿＿＿＿＿＿＿＿＿＿＿＿＿＿＿＿＿＿＿＿＿＿＿。
　 B: ＿＿＿＿＿＿＿＿＿＿＿＿＿＿＿＿＿＿＿＿＿＿＿＿＿＿＿＿＿＿＿＿＿。
　 A: ＿＿＿＿＿＿＿＿＿＿＿＿＿＿＿＿＿＿＿＿＿＿＿＿＿＿＿＿＿＿＿＿＿。

日本の習慣やルール

習慣 ＝ habit／习惯／습관／Tập quán　　変 ＝ strange／奇怪／이상하다／Bất thường

日本の習慣やルールで、おもしろいと思ったり、変だと思ったりしたことがありますか。
それは何ですか。それについてどう思いますか。

＿＿
＿＿
＿＿
＿＿

第15課

イベント情報・ニュースから

- 寮で身近なニュースについて、話したり聞いたりしよう。
  Talk and ask about personal news at your dorm.／在宿舍里和身边人聊聊新闻。／기숙사에서 주변 소식에 관해 이야기하고, 질문하기／Hãy nói cũng như lắng nghe những tin tức gần gũi xung quanh trong ký túc xá.

- 最近のニュースについて、話したり聞いたりしよう。
  Talk and ask about recent news.／聊聊最近的新闻。／최근 뉴스에 관해 이야기하고, 질문하기／Hãy nói cũng như lắng nghe về những tin tức gần đây.

		『できる日本語 初級』ポイント
1	今度、遊園地でイベントがある**そうです**。	☞ 119
2	台風**で**新幹線が止まりました。	☞ 124
3	たら／ても	☞ 120, 121
4・5	雨が降っ**たら**、イベントは中止です。／雨が降っ**ても**、イベントはあります。	☞ 120, 121
6	週末、遊園地は人が多い**と思います**。	☞ 123
7	あそこに人がたくさん集まっ**ています**。	☞ 122

1. 今度、遊園地でイベントがある**そうです**。

① 明日は雪が(降ります→   )。
② ワンさんは夏休み、国へ(帰りません→   )。
③ あの映画はあまり(おもしろくないです→   )。
④ 先月の旅行は(楽しかったです→   )。
⑤ ほしの美術館は日曜日、(無料です→   )。
⑥ 昨日、カルロスさんの(結婚式でした→   )。
⑦ 動物園のパンダが(死にました→   )。
⑧ ここに自転車を(止めてはいけません→   )。
⑨ ごみは全部(持って帰らなければなりません→   )。
⑩ 学生は料金を(払わなくてもいいです→   )。

2. 台風**で**新幹線が止まりました。

① _____。
② _____。
③ _____。
④ _____。
⑤ _____。

96　第15課

3. たら／ても

食べます	食べたら	食べなかったら	食べても	食べなくても
急ぎます				
やみます				
あります				
晴れます				
います				
予約します				
来ます				
暑いです				
いいです				
暇です				
休みです				

4. 雨が降ったら、イベントは中止です。／雨が降っても、イベントはあります。

① 日曜日(晴れます→　　　　　　　　　)、海へ行きたいです。
② 風が(強いです→　　　　　　　　　)、花火大会は中止です。
③ このイベントは(予約しません→　　　　　　　　　)、参加できます。
④ アルバイトが(ありません→　　　　　　　　　)、一緒に買い物に行きませんか。
⑤ 週末、(寒くないです→　　　　　　　　　)、紅葉を見に行きましょう。
⑥ 人が(多いです→　　　　　　　　　)、セールに行きたいです。
⑦ お金が(あります→　　　　　　　　　)、旅行をしたいです。
⑧ 今から、(行きます→　　　　　　　　　)、テストの時間に間に合いません。
⑨ (大変です→　　　　　　　　　)、富士山に登りたいです。
⑩ 使い方が(簡単じゃありません→　　　　　　　　　)、買いません。

5. 雨が降ったら、イベントは中止です。／雨が降っても、イベントはあります。

① 休みが1か月あったら、＿＿＿＿＿＿＿＿＿＿＿＿＿＿＿＿＿＿＿＿＿＿＿。
② 週末、天気がよかったら、＿＿＿＿＿＿＿＿＿＿＿＿＿＿＿＿＿＿＿＿＿＿＿。
③ 道がわからなかったら、＿＿＿＿＿＿＿＿＿＿＿＿＿＿＿＿＿＿＿＿＿＿＿。
④ 雨が降っても、＿＿＿＿＿＿＿＿＿＿＿＿＿＿＿＿＿＿＿＿＿＿＿。
⑤ 高くても、＿＿＿＿＿＿＿＿＿＿＿＿＿＿＿＿＿＿＿＿＿＿＿。

6. 週末、遊園地は人が多い**と思います**。

① ② 月曜日　③ ④ ⑤

① _____。
② _____。
③ _____。
④ _____。
⑤ _____。

7. あそこに人がたくさん集まっ**ています**。

① あっ、危ない！　このコップは(　　　　　　　　　　)から、あのコップを使ってください。
② 道が(　　　　　　　　　)から、約束の時間に間に合いません。
③ 店の前に人がたくさん(　　　　　　　　)。
④ 寒いですね。あっ、窓が(　　　　　　　　)。
⑤ 東京タワーの電気が(　　　　　　　　)よ。きれいですね。
⑥ このお店は(　　　　　　　　)よ。ここで食べましょう。
⑦ あっ、財布が(　　　　　　)。交番へ持って行きましょう。
⑧ すみません。このお皿、(　　　　　　　　)。きれいなお皿はありますか。
⑨ あっ、人が(　　　　　　　　)。

　　落ちます　　倒れます　　すきます　　混みます　　並びます
　　汚れます　　割れます　　開きます　　つきます

1.

～たら　～ても　～そうです　～と思います　～ています

例) 東京タワーの電気が(つきます→　ついています　)。きれいですね。

① A：このパソコンを使ってもいいですか。
　　B：あ、そのパソコンは(壊れます→　　　　　　　　　　)から、こちらのパソコンを使ってください。

② A：昨日、テニスの試合で、山田さんが(勝ちました→　　　　　　　)よ。
　　B：へえ、すごいですね。
　　A：次の試合を一緒に見に行きませんか。
　　B：いいですね。いつですか。
　　A：今度の日曜日です。たぶん人が(多いです→　　　　　　　　　)が、いいですか。
　　B：はい、人が(多いです→　　　　　　　)、見に行きたいです。

③ A：週末、浅草でお祭りが(あります→　　　　　　　)よ。
　　B：へえ。
　　A：もし(いいです→　　　　　　　　)、一緒に行きませんか。
　　B：いいですね。あ、でも……、パクさん、昨日ニュースを見ましたか。
　　A：いいえ。
　　B：週末は台風が(来ます→　　　　　　　)よ。
　　　　台風が(来ます→　　　　　　　)、お祭りがありますか。
　　A：うーん、台風が(来ます→　　　　　　　)、たぶんお祭りは
　　　　(ありません→　　　　　　　)。
　　B：そうですか。

2.

例) 私(は)パクです。
① 近く(　　)新しいスーパー(　　)できました。
② 事故(　　)人が亡くなったそうです。
③ 昨日の試合で日本はブラジル(　　)負けました。
④ 約束の時間(　　)間に合わない(　　)思います。
⑤ あっ、レストラン(　　)閉まっています。

寮で

寮 = dormitory／宿舎／기숙사／Ký túc xá

① _____

② _____

③ _____

④ _____

最近のニュース

☺：昨日、ニュースを見ましたか。

A：いいえ、何かありましたか。

☺：＿＿＿＿＿＿＿＿＿＿＿＿＿＿＿＿＿＿＿＿。

A：へえ。

☺：＿＿＿＿＿＿＿＿＿＿＿＿＿＿＿＿＿＿＿＿。

ポイントチェック

第1課

① 私[は ・ の]カルロスです。

② 私[は ・ の]ABE[は ・ の]社員です。

③ A：ダニエルさん[は ・ の]誕生日[は ・ の]いつですか。
　 B：3月21日です。

④ A：私の趣味は料理[と ・ も]スポーツです。
　 B：そうですか。私の趣味[と ・ も]料理です。

⑤ A：パクさんは学生ですか。
　 B：はい、[学生です ・ 学生じゃありません]。

⑥ A：メアリーさんは学生ですか。
　 B：いいえ、[学生です ・ 学生じゃありません]。

⑦ A：[カルロスさんは会社員ですか。 ・ カルロスさんのお仕事は？]
　 B：はい、会社員です。

⑧ A：お国はどちらですか。
　 B：[私はアメリカ人です ・ アメリカです]。

⑨ A：あのう、すみません。[ダニエルさんですか。 ・ お名前は？]
　 B：ダニエルです。

第2課

① A：「tea」は日本語[　で　・　が　]何ですか。
　　B：「お茶」です。

② これはアメリカ[　で　・　の　]ビールです。

③ ケーキ[　の　・　を　]2つ[　×　・　を　]ください。

④ A：本屋はどこですか。
　　B：[　その　・　それ　・　そこ　]です。

⑤ A：[　その　・　それ　・　そこ　]パソコンはいくらですか。
　　B：[　この　・　これ　・　ここ　]は48,900円です。

⑥ A：あのう、[　この　・　これ　・　ここ　]時計はいくらですか。
　　B：[　これ　・　それ　・　あれ　]は28,600円です。
　　A：そうですか。じゃ、[　この　・　これ　・　ここ　]をください。

⑦ A：[　これ　・　それ　・　あれ　]はいくらですか。
　　B：[　これ　・　それ　・　あれ　]は1,200円です。

⑧ A：これは[　どこ　・　何　・　誰　]のワインですか。
　　B：イタリアのワインです。

⑨ A：これは[　どこ　・　何　・　誰　]のスープですか。
　　B：魚と野菜のスープです。

⑩ A：エレベーターは[　どこ　・　何　・　誰　]ですか。
　　B：あそこです。

⑪ A：これは[　どこ　・　何　・　誰　]のスマートフォンですか。
　　B：アンナさんのスマートフォンです。

⑫ A：「イチゴ」は英語で[　どこ　・　何　・　誰　]ですか。
　　B：「strawberry」です。

第3課

① さくら郵便局は午前8時45分[から ・ まで]午後5時[から ・ まで]です。

② 公園[を ・ へ]行きます。公園[で ・ へ]バーベキューをします。

③ 横浜で花火[を ・ へ]見ます。

④ A：毎日、何時[に ・ ×]会社へ行きますか。
　　B：8時[に ・ へ]行きます。

⑤ 毎朝[に ・ ×]牛乳を飲みます。

⑥ A：毎日、朝ご飯を食べますか。
　　B：いいえ、私は朝、何[を ・ も]食べません。
　　C：私はご飯[と ・ や]魚などを食べます。

⑦ 私は夏休み、国へ[行きます ・ 帰ります]。

⑧ A：冬休み、旅行をしますか。
　　B：いいえ、[旅行じゃありません ・ 旅行をしません]。

⑨ A：毎朝、何を食べますか。
　　B：[はい、食べます ・ パンを食べます]。

⑩ 私は日曜日、どこへも[行きます ・ 行きません]。

⑪ A：休みは[何 ・ いつ]ですか。
　　B：水曜日です。

⑫ A：3月25日は花見です。
　　B：[何 ・ 何]をしますか。
　　A：公園でお弁当を食べます。

⑬ A：パクさんの趣味は[何 ・ 何]ですか。
　　B：映画です。

⑭ A：パクさんは午後、[何 ・ どこ]へ行きますか。
　　B：図書館へ行きます。

第4課

① 北京 [は ・ の] 中国 [で ・ の] 東です。

② 日本 [から ・ まで] イタリア [から ・ まで] 飛行機 [で ・ を] 12時間半くらいです。

③ 私の町 [で ・ に] 大きい公園 [は ・ が] あります。

④ ここは有名じゃありません [と ・ が]、いい町です。

⑤ A：今日は涼しいですね。
　 B：そうです [ね ・ ×]。

⑥ 私の国は4月 [に ・ ×]、暖かいです。

⑦ このビルはあまり [きれいじゃありません ・ きれくないです]。

⑧ このお寺は [新しいじゃありません ・ 新しくないです]。

⑨ 北海道は [緑が多い ・ 緑が多いな ・ 緑が多いの] ところです。

⑩ 渋谷は [にぎやか ・ にぎやかな ・ にぎやかの] 町です。

⑪ 東京は3月、少し [暖かいです ・ 暖かくないです]。

⑫ 私の町はあまり [有名です ・ 有名じゃありません]。

⑬ このケーキは甘いです。[そして ・ が]、おいしいです。

⑭ 私の国は小さいです [そして ・ が]、人が多いです。

⑮ A：私の国は1月、とても寒いです。
　　 パクさんの国は [どうですか ・ どんなですか]。
　 B：私の国も寒いです。

第 5 課

① 去年の夏休み、家族 [に ・ と] 旅行をしました。

② 日曜日、渋谷 [で ・ へ] 服を買い [に ・ へ] 行きます。

③ 私は新しいパソコン [を ・ が] ほしいです。

④ ナタポンさんは日本のアニメ [を ・ が] 好きです。

⑤ 昨日、雨でした [から ・ が]、うちでゲームをしました。

⑥ 昨日の夜、私は [1人と ・ 1人で] お酒を飲みました。

⑦ 昨日、図書館で勉強 [します ・ しました]。

⑧ A：今朝、朝ごはんを食べましたか。
　　B：いいえ、[食べません ・ 食べませんでした]。

⑨ 昨日はとても [暑いでした ・ 暑かったです]。

⑩ 先週、天気が [いかったです ・ よかったです]。

⑪ 先月、沖縄へ行きました。沖縄の海はとても [きれいでした ・ きれかったです]。

⑫ 先週の仕事は [大変じゃありませんでした ・ 大変ませんでした]。

⑬ おととい、美術館へ行きました。美術館は [休みました ・ 休みでした]。

⑭ 春休み、[北海道の旅行がほしいです ・ 北海道へ旅行に行きたいです]。

⑮ A：昨日のパーティーは [どうですか ・ どうでしたか]。
　　B：とても楽しかったです。

⑯ A：週末、[どこかへ ・ どこへ] 行きましたか。
　　B：はい、新宿へ行きました。

⑰ A：日曜日、私はどこへも行きませんでした。
　　B：[どうして ・ 何] 行きませんでしたか。
　　A：風邪でしたから。

⑱ 週末、私は恋人に会います。それから、[渋谷で食事をします ・ 楽しいです]。

ポイントチェック

第6課

① A：土曜日、一緒にサッカーをしませんか。
　B：すみません。土曜日、用事[が ・ は]ありますから。

② 今晩、浅草[に ・ で]お祭り[が ・ は]あります。

③ コンサートのチケット[が ・ ×]2枚[が ・ ×]あります。

④ スポーツ[に ・ で]サッカー[が ・ を]いちばん好きです。

⑤ A：バス[も ・ と]地下鉄[も ・ と]どちらがいいですか。
　B：地下鉄[が ・ の]ほう[が ・ を]いいです。

⑥ A：みどり寿司はとてもおいしいです[ね ・ よ]。
　B：へえ。そうですか。

⑦ A：3時にさくら駅で会いましょう。
　B：3時にさくら駅です[ね ・ よ]。わかりました。

⑧ バスは電車[より ・ のほうが]安いです。

⑨ A：パクさん、一緒に晩ご飯を[食べますか ・ 食べませんか]。
　B：いいですね。[食べましょう ・ 食べませんか]。
　A：何を食べますか。
　B：[ラーメンを食べますか ・ ラーメンはどうですか]。
　A：いいですね。

⑩ A：もう「キングマン」を[見ますか ・ 見ましたか]。
　B：いいえ、まだです。

⑪ A：明日、一緒に映画を見に行きませんか。
　B：[いいえ、行きません ・ すみません、ちょっと……]。

第7課

① 駅の前に本屋 [は ・ が] あります。

② A：アンナさん [は ・ が] どこにいますか。
　 B：隣の部屋 [で ・ に] います。

③ 喫茶店は花屋 [の ・ と] 上にあります。

④ ペン [で ・ を] 名前を書いてください。

⑤ ハンバーグ [を ・ の] 作り方を教えてください。

⑥ A：この写真、きれいですね。誰 [は ・ が] 撮りましたか。
　 B：パクさん [は ・ が] 撮りました。

⑦ スーパーは駅の前に [あります ・ います]。

⑧ アンナさんはコンビニに [あります ・ います]。

⑨ りんごを [きて ・ きって ・ きいて] ください。

⑩ 窓を [あけて ・ あげて ・ あけって] ください。

⑪ 電子レンジの [使い ・ 使って] 方を教えてください。

⑫ A：ナタポンさん、コップを取ってください。
　 B：[どれ ・ どの] コップですか。
　 A：[それ ・ その] です。

⑬ A：ビールは [まだ ・ もう] ありますか。
　 B：いいえ、[まだ ・ もう] ありません。

⑭ A：エレナさん、野菜を [洗ってください ・ 洗いましょうか]。
　 B：はい、わかりました。

⑮ A：イさん、[手伝ってください ・ 手伝いましょうか]。
　 B：はい、ありがとうございます。

⑯ A：パクさんはどこにいますか。
　 B：隣の部屋でワンさんと [話します ・ 話しています]。

第8課

① 私は横浜[で ・ に]住んでいます。

② 私はルームメイト[に ・ と]2人[で ・ と]住んでいます。

③ A：パクさん、そのネックレス、いいですね。
　　B：これですか。去年のクリスマスに妹[に ・ へ]もらいました。

④ カルロスさんは歌[を ・ が]上手です。

⑤ うちの犬は耳[が ・ の]大きいです。

⑥ 私の兄は[背が高いと ・ 背が高くて]、髪が短いです。

⑦ ワンさんは[まじめで ・ まじめな]、親切な人です。

⑧ アンナさんは[きれいで ・ きれくて]、優しいです。

⑨ 私の先輩は[頭がいくて ・ 頭がよくて]、かっこいい人です。

⑩ パクさんは[26歳と ・ 26歳で]、あおぞら日本語学校の学生です。

⑪ 私は兄が2人[います ・ あります]。

⑫ 私の姉は会社員です。映画の会社で[働きます ・ 働いています]。

⑬ 来週、マリアムさんの誕生日ですから、お皿を[あげます ・ もらいます]。

⑭ マルコさんが私にこの傘を[あげました ・ くれました]。

⑮ バレンタインデーに恋人にチョコレートを[もらいました ・ くれました]。

⑯ 私は消しゴムを持って来ませんでしたから、ナタポンさんに
　　[貸しました ・ 借りました]。

第9課

① 私はスキー[が ・ を]できます。

② パクさんはよく[に ・ ×]買い物します。

③ 1週間[で ・ に]2回[に ・ ×]、書道教室に行きます。

④ 私の趣味は本を[読み ・ 読んで ・ 読む]ことです。

⑤ 木村さんの趣味は古いお金を[集める ・ 集む]ことです。

⑥ 私は上手に英語を[話す ・ 話する]ことができません。

⑦ 私の趣味はサッカーを[します ・ することです]。

⑧ 私の趣味は[泳いで ・ 泳ぐこと]と絵を見ることです。

⑨ ダニエルさんは車の[運転 ・ 運転こと]ができます。

⑩ 家族と話したいですから、ときどき[電話します ・ 電話しません]。

⑪ 私は全然テレビを[見ます ・ 見ません]。

⑫ 私の趣味は料理です。[いつも ・ あまり]うちで作ります。

⑬ 私はお酒が好きじゃありませんから、[よく ・ あまり]飲みません。

⑭ 趣味はピアノです。[でも ・ それから]、上手じゃありません。

⑮ 趣味はスポーツをすることです。[特に ・ そして]野球が好きです。

⑯ A：[どうやって ・ どうして]チケットを買いますか。
　　B：インターネットで[予約する ・ 予約して]、コンビニでお金を払います。

ポイントチェック

第 10 課

① 窓 [で ・ から] 富士山 [を ・ が] 見えます。

② あの信号 [を ・ に] 左 [に ・ で] 曲がってください。

③ ここでバス [の ・ を] 予約 [を ・ が] できます。

④ あ、見てください。サル [は ・ が] 遊んでいますよ。

⑤ A：ここに荷物を置いてもいいですか。
　B：荷物 [は ・ が] あそこに置いてください。

⑥ もうすぐ、3時 [が ・ に] なります。

⑦ 少し [寒く ・ 寒くに] なりました。

⑧ [にぎやかく ・ にぎやかに] なりました。

⑨ 大きい声で [話さないで ・ 話しないで] ください。

⑩ あそこでパンフレットを [もらって ・ もらう] ことができます。

⑪ まだチケットを [買いませんでした ・ 買っていません]。

⑫ 危ないですから、
　[押してください ・ 押さないでください]。

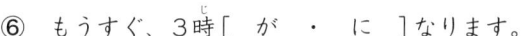

⑬ ここはきれいじゃありませんから、あそこで
　[食べてください ・ 食べないでください]。

⑭ A：先生、トイレへ [行ってください ・ 行ってもいいですか]。
　B：はい、どうぞ。

⑮ 駅へ行きたいです。行き方を [教えてください ・ 教えてもいいですか]。

⑯ A：あ、パクさん、どこへ行きますか。
　B：ナタポンさんを [迎えに行っています ・ 迎えに行ってきます]。

ポイントチェック

第11課

① 私はすしは好きですが、すき焼き[が ・ は]好きじゃありません。

② 国[は ・ では]料理を作りませんでしたが、
日本[は ・ では]料理を作ります。

③ 昨日はパーティーでした。マルコさんはギターを[弾きた ・ 弾いた]り、歌を[歌いた ・ 歌った]りしました。

④ 休みの日、うちで音楽を[聞いて ・ 聞いた]り、テレビを[見て ・ 見た]りしています。

⑤ [暇 ・ 暇の ・ 暇な]とき、うちでゲームをします。

⑥ 風邪を[ひく ・ ひいた]とき、病院へ行きます。

⑦ アルバイトを[休み ・ 休む]とき、店長に電話をします。

⑧ [疲れる ・ 疲れた]とき、チョコレートを食べます。

⑨ [中学生 ・ 中学生の]とき、初めて飛行機に乗りました。

⑩ 日本へ[来る ・ 来た]とき、国の友達にこの時計をもらいました。

⑪ A：今晩、一緒にカラオケに行かない？
B：ごめん。明日、[テスト ・ テストだ]から。

⑫ A：パクさん、日曜日、一緒に遊びに行かない？
B：いいね。どこへ[行く ・ 行くか]？
A：みどり公園はどう？ みどり公園は少し[遠い ・ 遠いだ]けど、きれいだよ。
B：いいね。

⑬ A：そのかばん、いいですね。
B：これですか。イタリアへ行ったとき、[買います ・ 買いました]。

⑭ A：頭が痛いとき、[どうですか ・ どうしますか]。
B：薬を飲みます。

第12課

① ご飯を食べる[　の　・　×　]前に、手を洗います。

② 食事[　の　・　を　]30分[　の　・　×　]前に、薬を飲んでください。

③ 体[　が　・　に　]よくないですから、たばこを吸わないほうがいいです。

④ 先週、風邪[　を　・　が　]ひきました。

⑤ A：どうしたんですか。
　　B：[　風邪　・　風邪だ　・　風邪な　]んです。

⑥ A：昨日、アルバイトに来ませんでしたね。どうしたんですか。
　　B：熱が[　ある　・　あった　]んです。

⑦ できるだけ[　運動した　・　運動して　]ほうがいいですよ。

⑧ 体の調子がよくないとき、
　　[　出かけた　・　出かけない　]ほうがいいですよ。

⑨ [　寝る　・　寝た　]前に、シャワーを浴びます。

⑩ 宿題を[　した　・　して　]から、ゲームをします。

第13課

① A：富士山[を ・ に]登ったこと[が ・ を]ありますか。
　B：はい、何回[も ・ ×]登ったことがあります。
　C：私は1回[も ・ ×]ありません。

② 紅葉がきれいなところ[が ・ を]知っていますか。

③ これは水の中で使うことができる[の ・ ×]カメラです。

④ これは若い人[を ・ が]よく読む雑誌です。

⑤ 新鮮な野菜を買うことができる店[は ・ を]どこですか。

⑥ 私は1回、北海道へ[行く ・ 行って ・ 行った]ことがあります。

⑦ A：日本のお祭りを[見ます ・ 見たことがあります]か。
　B：はい、先月、浅草でお祭りを[見ました ・ 見たことがあります]。

⑧ A：ダニエルさん、この近くでいいホテルを[知ります ・ 知っています]か。
　B：いいえ、[知りません ・ 知っていません]。

⑨ 『ねこと海』[の ・ は ・ という]漫画はおもしろいですよ。

⑩ 今度[泊まります ・ 泊まる]ホテルを探しています。

⑪ これは3年前に、京都で[撮る ・ 撮った]写真です。

⑫ メアリーさんはあの赤いスカートを[はく ・ はいている]人です。

第14課

① このボタンを押すと、ドア[が ・ を]開きます。

② 「good night」は日本語で「おやすみなさい」[と ・ を]言います。

③ このテレビ番組は[おもしろい ・ おもしろいだ]と思います。

④ ここから見る景色は[きれい ・ きれいだ]と思います。

⑤ 最近の若い人のファッションは[おしゃれ ・ おしゃれだ]と思います。

⑥ このレバーを[回して ・ 回すと]、水が出ます。

⑦ 日本では20歳までたばこを[吸ってもいいです ・ 吸ってはいけません]。

⑧ 迷惑ですから、夜、大きい声で
[話してはいけません ・ 話さなければなりません]。

⑨ 日本では車に乗るときシートベルトを
[してはいけません ・ しなければなりません]。

⑩ ここでは靴を[脱がなければなりません ・ 脱がなくてもいいです]。

⑪ A：ナタポンさんは高校生がアルバイトをすることについてどう思いますか。
B：そうですねえ。アルバイトはいい経験になりますから、いいと思います。
パクさんは？
A：[私もそう思います ・ 私も同じだと思います]。

第15課

① 雪［ に ・ で ］電車が止まりました。

② 駅の前に新しいレストラン［ が ・ を ］できたそうです。

③ ふじまるランドは週末、混む［ を ・ と ］思います。

④ あ、あそこに人［ が ・ は ］集まっていますよ。

⑤ A：今日、学校が終わってから、さくら病院へ行きます。
   B：あ、さくら病院は水曜日、［ 休み ・ 休みの ・ 休みだ ］そうですよ。

⑥ 鈴木さんは先月［ 結婚する ・ 結婚した ］そうです。

⑦ 約束の時間に［ 間に合わない ・ 間に合わないだ ］と思います。

⑧ 京都の桜はきっと［ きれい ・ きれいな ・ きれいだ ］と思います。

⑨ 明日はアルバイトを休むことが［ できません ・ できない ］と思います。

⑩ 明日、もし雨が［ 降らなかったら ・ 降りなかったら ］、サッカーをしませんか。

⑪ 天気が［ いいたら ・ よかったら ］、出かけます。

⑫ 週末、［ 暇だったら ・ 暇かったら ］、一緒に映画を見ませんか。

⑬ ［ 高いでも ・ 高くても ］、このパソコンがほしいです。

⑭ 今度、時間が［ あったら ・ あっても ］、箱根へ行きたいです。

⑮ ［ 病気だったら ・ 病気でも ］、仕事に行かなければなりません。

⑯ A：あ、レストランの前に人がたくさん［ 並びます ・ 並んでいます ］ね。
   B：じゃ、他のレストランへ行きましょう。

⑰ あ、部屋の電気が［ 消えて ・ 消して ］います。

役立つサイト（教師向け）

できる日本語ひろば
できる日本語教材開発・普及プロジェクト
https://www.dekirunihongo.jp/

できる日本語

わたしの文法ノート　初級　【第2版】

2011年　8月25日　初版第1刷発行
2025年　1月10日　第2版第1刷発行
2025年　4月30日　第2版第2刷発行

監　　修	嶋田和子（一般社団法人アクラス日本語教育研究所）
著　　者	できる日本語教材開発プロジェクト 　　澤田尚美（元イーストウエスト日本語学校） 　　高見彩子（イーストウエスト日本語学校） 　　濱谷　愛（イーストウエスト日本語学校）
発　　行	株式会社　凡　人　社 　　〒102-0093 　　東京都千代田区平河町1-3-13 　　TEL：03-3263-3959
イラスト	酒井弘美
装丁デザイン	岡村伊都
本文デザイン	北の丸インスティチュート
レイアウト	Atelier O.ha
印刷・製本	倉敷印刷株式会社

ISBN 978-4-86746-030-6
©Kazuko SHIMADA, Naomi SAWADA, Saiko TAKAMI, Ai HAMATANI
　2011, 2025 Printed in Japan
落丁本・乱丁本はお取り替えいたします。
本書の一部あるいは全部について、著作者から文書による承諾を得ずに、
いかなる方法においても無断で転載・複写・複製することは、法律で固く
禁じられています。

メ モ

メ モ

メ モ